大切な会社と社員を守るための

問題社員の正しい辞めさせ方

新田 龍

まえがき

「社員をクビにする方法だなんて！」

本書のタイトルが不謹慎ではないかと、不快なお気持ちを抱かれた方もおられよう。しかし、よくご覧いただきたい。たしかに、円満にクビにする方法を説いてはいるが、「経営者や上司が、自分の気に入らない社員を粛清する」ためのものでは決してない。あくまで本書は、その組織にいてもらっては迷惑で、周囲に悪影響を及ぼすような「問題社員」を合法的に排除し、労務トラブルを極小化、もしくは未然に防ぐための本である。

ここでいう「問題」とは具体的にどれほどのものか。実際に過去、筆者の元に持ち込まれたトラブル事例をあげるのでイメージしていただければ幸いだ。

・面接では「熱意に溢《あふ》れた真面目な人物だ」と思って採用した。実際、試用期間中は大変熱心かつ真面目に働いてくれ、「いい採用ができた」と思っていたのに、試用期間が明けるとあからさまにやる気が失せ、遅刻が増え、勤務態度も不真面目になり、かつ業績も低下した。そのことについて指摘し、「このままだと身の振り方を考えないといけなくなるぞ……」と苦言を呈したところ、「退職強要だ！」と逆上し、慰謝料を要求してきた。

・仕事が遅く、上司としても気になって進捗状況を確認すると「ちゃんとやってます」と機嫌が悪くなる。締切になっても提出がないので催促すると、全く着手できていなかったことが判明。叱責するとすぐに欠勤し、残った業務に対応するために他の社員にシワ寄せが来てしまう。しかし本人には全く罪悪感がなく、「業界未経験だから丁寧に教えてもらって当然」と開き直っている。

・「名門大学卒業後、外資系コンサルティング会社勤務。その後アメリカでＭＢＡ取得」の経歴を持つエリート社員を高給で採用した。しかし実際は全く仕事ができず、英語も満足に話せないことが判明。そもそも経歴自体が虚偽であったことが発覚した。

・普段から業績があまり芳《かんば》しくなく、上司からも厳しく指導されている社員が、周囲のメンバーに「部長のやり方っておかしくない？」「給料全然上がらないなんて普通じゃない」……など、会社の不満や愚痴をあからさまにこぼすようになった。仕事に対しても熱意が見られなかったので、その姿勢や態度を指摘したが、改善される気配がない。ある日見かねて強い口調で叱責したところ、その内容を全てＩＣレコーダーで録音されており、「パワハラだ！」と大騒ぎされた。

・営業部門の社員が副業でネットワークビジネスをやっているらしく、休日の度に同僚を集めて、イベントをやる体を装って勧誘し、他の社員から苦情が出ている。なかには自宅まで押しかけて熱心に説き伏せられたケースもあり、厄介者扱いされている。

・課長は自らも業績目標を追うプレイングマネジャーで、プレイヤーとしての実績はトップクラス。しかし部下のミスに対して指導と称する厳しい叱責をおこなうことが常態化しており、明らかに周囲の社員も畏怖している。しかし業績貢献度が高いため、誰も文句が言えない状態になっている。

・これまでもあまりやる気が見られなかった社員が、ついに上司の業務指示にも反応せず、黙ったままで何もしなくなってしまった。上司の言葉は次第に厳しくなり、耐えかねて大声で怒鳴ってしまったところ、一部始終を動画で隠し撮りされていたようで、動画投稿サイトに掲載され、一気に拡散されてしまったうえに、当社がパワハラブラック企業扱いをされてしまった。

いかがだろう。こんな社員が周りにいたら、あなたも心安らかに仕事をすることなどできず、その会社を去りたくなってしまうのではないだろうか。

法律を守ろうともせず、私利私欲のために労働者に報いることのないようなブラック企業はもちろんダメだが、一方で組織への貢献という義務を提供しようともせず、給与や安定雇用といった権利だけを要求してくるような問題社員もまた存在する。ブラック企業の存在はメディアでもよく知られ、問題があれば叩かれることもあるのだが、問題社員のほうは労働者個人という立場もあるためか、なかなか厳しく批判されることはない。

しかし、ブラック企業の劣悪な労働環境で従業員が心身を病んでしまうように、経営者や上司、そして周囲の社員もまた、このような問題社員に当たってしまうと大いに苦しめられることになる。しかも、そういった問題社員に限って経営者よりも労働法規に詳しく、労働者が法律に守られた存在であることをよくわかっており、なかにはわざと上司や経営者を怒らせるように挑発してくる者さえいる。これでは上司もまともな指導はできなくなるし、真面目に勤務する社員は不利益を被るだけだ。

本書では、弁護士や社労士など法律の専門家や、例にあげたような問題社員に直接応対する実務専門家の最新知見も踏まえて、今日から活かせる実践的なノウハウを提供する。ぜひ、周囲に迷惑をかける問題社員には一刻も早く職場を去ってもらい、心地よい就業環境を実現しようではないか。

目次

第2章

【実践編】このやり方で失敗しない！ 合法的な問題社員排除の進め方

第3章 【予防編】トラブルになる前に心がけておきたい、効果的予防法

第1章

【概要編】みんながイメージする「クビ」と「労働契約解消」、これだけの差

皆さんに問題をお出ししよう。

Q　法律&判例上、「クビにしてOK」な社員の問題行動はどれだろう?

□無断欠勤を繰り返している
□普段から全くやる気がなく、外回りすると言ってはサボっており、周囲に悪影響を与えている
□営業職の売上目標を半年間達成できていない
□不注意によるミスで、会社に400万円の損失を与えたうえ、貴重な取引先まで失ってしまった
□パワハラの傾向があり、機嫌が悪いときは大声で暴言を吐くので、周囲の社員が畏怖している
□借金が返せなくなり、消費者金融会社から会社宛に「給料差し押さえ通知」が送られてきた
□詐欺の容疑で警察に逮捕された

A　いずれの場合も、「クビにするのはＮＧ」となるリスクがある。

解雇は背景状況によって判断が異なるため、なかには解雇が成立したケースもあるものの、基本的に正社員は労働法規と判例によってガッチリ守られており、クビにするのは困難なのだ。たとえそれが「問題社員」であったとしても……。

問題社員とは、これらの例にもあるとおり、「遅刻や欠勤を繰り返す」、「協調性がない」、「仕事をやる気がそもそもない」、「指示に従わない」、「人柄や素行が悪い」……といったような不適切な行動が見られ、しかも会社側でいくら指導してもなかなか改善できない従業員を指す。彼らは往々にして自分自身に問題があるという意識が皆無であり、「自分が評価されないのは上司や会社のせい」といった他責思考を持ち、日常的に不満を漏らしては、周囲の雰囲気を悪くするなど、迷惑をかけ続ける存在である。

問題社員が社内にいる限り、組織全体の士気は低下し、真面目な社員はメンタル不調を来し、優秀な社員が退職してしまうなど、企業全体の業績にまで影響が及ぶこととなる。さらには社外からの評判や信頼にまで悪影響を及ぼすなど、その存在は害悪でしかない。

しかし、ひとつ対応を誤ると、会社側からの善意の指導や注意はパワハラや不当労働行為と捉えられ、望まぬトラブルへと発展してしまうケースもある。悪影響でありながら、慎重な対応が求められることこそ、問題社員と呼ばれる所以《ゆえん》であろう。

日本でクビは難しい

映画やマンガでは、上司や経営者がヘマをした部下に対して「お前はクビだ！」などと宣告する場面をよく見かける。しかし、これができるのはあくまでフィクションの世界や、日本とは法律が異なる海外での話。日本では、そう簡単に従業員のクビを切ることはできない。現実の世界でこれを本当にやってしまったり、もし冗談だとしても、言われた従業員が真に受けてしまったりしたら大変なトラブルになるだろう。日本では、労働基準法をはじめとした法律によって、労働者の雇用が手厚く守られているからだ。

しかし、少し法律に詳しい方であればこう思われるかもしれない。

「それはおかしい。民法には『期間の定めのない雇用契約はいつでも解約の申し入れをすることができる』と書いてあるじゃないか。退職も解雇も自由ってことだろ?」

「労働基準法に、『30日前に予告するか、解雇予告手当を払えば、従業員はいつでも解雇できる』って書いてあるぞ!」

たしかに法律上はそうなっているので、「お金を払えば自由に解雇できる」とお考えの方がいるかもしれない。しかし、法律とは別にもう一つのルールが存在するのだ。それが「判例」、すなわち「裁判で解雇が無効だと判断された事例」である。これまで解雇にまつわる裁判が数多おこなわれ、個々のケースについて有効か無効かが判断されてきたという「歴史の積み重ね」があり、それらの判例が法理として現行の「労働契約法」による解雇の規定となっている。

労働契約法第16条
解雇は、客観的に合理的な理由を欠き、社会通念上相当であると認められない場合は、その権利を濫用したものとして、無効とする。

ちなみに、「日本は世界的に見て解雇規制が厳しい」と言われるが、ＯＥＣＤ諸国で比べた場合、日本は解雇規制が弱い方から10番目。アメリカより厳しく、欧州より弱い、という位置づけだ。しかしこれもまた「あくまで法律上では」という話であり、実際は過去の判例とこの労働契約法により、解雇に合理的理由がなければ解雇は無効となる。これを「解雇権濫用の法理」と言う。

したがって、会社が従業員を解雇するには、客観的に合理的な理由が必要となるわけだ。しかし実際のところ、解雇が合法的に成立するための要件は極めて厳しく、実質的に解雇が有効になるケースはごく稀であるのが現状なのだ。

解雇が有効になるケースは稀
解雇トラブルがこじれるリスク

法律上では解雇できることになっているが、裁判で解雇無効と判断されるケースが多いため、実質的には解雇が困難。これがわが国の現状だ。では実際に「問題社員でも解雇無効となったケース」としてどんな判例があるのかご覧いただくとともに、法的な裏付けを全く知らず、不用意に問題社員を解雇した場合、会社側はどのようなリスクを負うことになるのかについて説明していこう。

CASE 01

ＩＴサービス企業Ｔ社のケース（東京地判 平19・6・22）

Ｔ社から客先に派遣されていたシステムエンジニアＡが、派遣先において長時間にわたる電子メールの私的使用と、私的な要員派遣業務のあっせん行為をおこなった。これが「服務規律」と「職務専念義務」に違反しており、また勤務態度や能力にも問題があった、としてＡは解雇されたが、Ａは「会社の解雇権の濫用である」という理由で地位保全と未払賃金の支払等を請求した。

裁判では、私用メールなどについては「服務規律や職務専念義務に違反するところがあると言わざるを得ない」との見解が示されたが、それらを解雇理由として過大に評価することはできず、また能力不足についても「全く問題がないとは言えないが、解雇可能なほど重大とも言えない」、との見解が下され、「解雇権の濫用」と判断。会社側は敗訴した。

CASE 02

不動産会社S社のケース（東京地判 平23・11・25）

S社に正社員として勤務していた事務員Bは、電話・来客対応、不動産営業事務に従事していたが、営業成績が悪かったことや、配置転換を拒絶したことなどを理由に口頭で解雇通告をされた。これに対してBは、「不当解雇により著しい生活上の不利益を被った」として不法行為に基づく損害賠償を請求した。

裁判では、Bの仕事ぶりや言動についてはたしかに問題があったことが認められたものの、S社がBに対して「試用期間終了後も雇用し続けた」ことと「配置転換は全く職種の異なる他部門への異動で、減給と転勤を伴うもの」であったことを事由に、「通常甘受すべき程度を著しく超える不利益を負わせるおそれの強いもの」だとした。そのうえで、S社側が何ら解雇を回避する方法を検討しないまま解雇したことは「余りに性急かつ拙速」として、著しい解雇権の濫用行為に当たるものと判断された。会社側は敗訴し、不法行為に基づく逸失《いっしつ》利益として賃金の3ヶ月分相当額の損害賠償を支払うこととなった。

CASE 03

鉄道会社N社のケース（大阪地堺支判 平3・7・31）

N社で電車運転士として勤務していたCは、従前より業務態度や言葉遣い、服装等でたびたび上司から注意指導を受けていた。ある日Cが、早朝から生じた列車の遅れを回復すべく、朝食も摂れない状況で神経を使う業務に従事していたところ、上司から挑発的な言葉をかけられたことで興奮。上司に対して暴行し、1週間の加療を要する打撲を負わせた。

会社は「会社内において傷害、暴行等の行為があったとき」という懲戒事由に該当するとしてCを懲戒解雇処分としたが、裁判所は「偶発的で、しかも短時間で収拾された結果、職場内にもさしたる混乱をもたらさなかった」ものとして、懲戒解雇は「客観的妥当性を欠く」ため無効と判断した。

「派遣勤務先での長時間の私用メール」「私的な派遣業務あっせん」「業績不振」「人事命令拒否」「業務態度不良」「暴行」……。一般的な感覚では、これらの行為は「クビになってもおかしくない」と思われるような言動や行動に違いない。しかし、問題行動があったからといって深く考えずに解雇してしまうと、先述の事例のように問題社員側から「不当解雇だ！」と逆に訴えられ、しかもその裁判で会社側が負けてしまい、解雇が無効になってしまう、というケースは実際に存在している。問題社員を排除したいという意図で起こした行動であっても、裁判までもつれ込むとなると費用も時間もエネルギーも要するし、会社側が敗訴して問題社員が復職してくることも大いに不本意なことだろう。解雇はイメージされているほど簡単なことではなく、周到な準備が必要なのである。

また昨今のネットの発達により、検索サイトで「不当解雇」と打ち込めば、さまざまな弁護士事務所や社労士事務所、そして個人でも加入できる合同労働組合（ユニオン）のサイトがヒットし、無料で会社との交渉方法や対処方法のノウハウを得ることができる。彼らの収入源は、問題社員を解雇したあなたの会社と交渉することで得られる（かもしれない）「解決金」や「損害賠償金」だ。いわば彼らもビジネスであるから、お金がとれるとわかればトラブルに積極的に介入してこようとするだろう。

いくら問題社員相手だとしても、「お前はクビだ！」と不用意に口にした結果、あなたの会社が直面するリスクとしては次のようなものがあげられる。重々ご留意いただきたい。

（1）労働基準監督署（労基署）から臨検が入る

不当解雇を訴えたい社員が駆け込む先として最初に思い当たるのが労働基準監督署だろう。しかし、労基署はあくまで労働基準法違反（労基法違反）の取り締まりをおこなう機関であり、解雇が不当であったか否かといった民事的な問題には積極的に介入できないのだ。逆に、明らかに不当な解雇だとしても、解雇予告などの手続きさえ適正におこなわれていれば、会社に指導も勧告もできないのである。

リスクになるとすれば、解雇とは別件の労基法違反が同時に申告され、それについての調査や指導がなされることであろう。不用意に解雇を言い渡してしまうような会社は、往々にして労務管理もずさんであり、労働時間をキッチリ把握していなかったり、残業代の支払いが適正におこなわれていないなど、何かしら労働基準法に抵触する事態が発生したりしているものである。不当解雇自体は労基署ではタッチできないものの、メイン業務である労基法違反について情報をつかみ、芋づる式にあなたの会社の違法状態が暴露してしまう可能性がある。そんなことにならないよう、普段から適法に経営していく必要がある。

（2）労働局から「助言・指導」「あっせん」がなされる

社員から各都道府県の労働局に不当解雇の訴えがなされた場合、まず労働局側からなされるのは「労働局長による助言・指導」だ。これは、各都道府県の労働局長から任命された専門の相談員が、不当解雇などの労働紛争の問題点を指摘し、解決の方向を示唆することにより、紛争当事者間での自主的な解決を促進する制度である。

そして、当事者間での話し合いで解決されない場合には、公平・中立な第三者として専門家が紛争当事者の間に入って、解決をサポートする制度がある。それが「あっせん」だ。弁護士、大学教授等の労働問題の専門家である学識経験者により組織された「紛争調整委員会」があっせん委員を指名し、その委員が具体的なあっせん案を提示するなどして、円満な解決を図る制度である。

しかし、このあっせん自体、参加は義務ではないので、会社が拒否しても法的な問題はない。会社側が一歩たりとも歩み寄る余地がないということであれば、参加してもあまり意味はないと言えよう。ただ、受けたほうがよいかどうかと問われれば、「話し合いで解決したいという意思があるなら、まずは参加して相手の言い分を聞くのはよいのでは」とお答えしている。拒否すれば明らかに問題社員側の態度は硬化し、その後の交渉段階（弁護士や労働組合）に移行することになるだろうし、余計なエネルギーと時間、手間、お金がかかることは目に見えている。もしここで妥結できるレベルの要求であれば受け入れることも選択肢の一つであろう。

（3）法律専門家からの交渉が入る

先ほど申し上げた法律専門家のウェブサイトを経由するなどして、成功報酬形式などで専門家に依頼がなされ、代理人として請け負った弁護士が交渉してくるケースがある。当初は書面での解決金交渉からスタートし、条件が折り合わなければ司法の場に移ることになる。

司法の場としては、「通常訴訟（本訴）」、「保全訴訟（仮処分）」、「労働審判制度」などがある。このうち本訴は、最終的な法的措置としてはあり得るのだが、弁護士費用を合わせると数十万円、そして1年以上の裁判期間がかかる可能性が高いことを考えると、社員個人としてはなかなか手が出しにくい。そのような背景を踏まえ、昨今非常にケースとして増えているのが労働審判だ。

労働審判は「あっせん」と「裁判」の中間的な位置づけだ。労働審判官（裁判官）1名、労働問題の専門家である労働審判員2名（労働者側1名、使用者側1名）が双方の言い分を聴いて審判をおこない、基本的に調停、和解による解決を目指す。調停内容は「確定判決（裁判上の和解）」と同じ効果を持ち、その多くは「会社が解雇を撤回し、従業員は合意退職する」という形で、結局は会社が一定の金銭を支払うというケースになっている。

「原則として3回以内で結審」「約2ヶ月半で結果が出る」という特徴があり、手続きが長期化しないことがメリットだ。また、あっせんとは異なり、「強制力」を持つという面もある。出頭命令に従わない場合には5万円以下の罰金が科せられるうえ、労働審判官の心証を悪くして審判に負ける確率が高まる。相手の言い分を聴いて受け入れられる内容であれば、早期に和解してしまうほうが、結局は会社にとって良い場合が多いと思われる。

（4）外部労働組合（ユニオン）が介入してくる

会社の枠組みを超えて、個人でも加入できる合同労働組合（ユニオン）に参画し、ユニオンが交渉の場に出てくるというケースもまた増えている。団体交渉（団交）の場で話し合いがなされ、最終的には金銭解決による和解退職となることが多い。

真っ当なユニオンがほとんどなのだが、なかには反社会的集団のような悪質な団体も存在する。そういった相手の場合、団交も数十人単位の大勢でやってきて、机を叩いて威嚇したり大声で怒鳴りたて、強気な要求を突き付けてくるケースもある。またそれに応じない場合、「不当労働行為だ！」と主張し、社屋や店舗の目の前で街宣活動をおこなったり、中傷的なビラ撒きをしたりする場合もある。そのような活動に抗議したところ、動画を撮影されてネット上で拡散されたり、各地の労働委員会まで巻き込んで、あなたの会社が違法行為をおこなうブラック企業だというネガティブイメージを広げたりするなど、度を越えた要求をおこなう被害事例も報告されている。悪い相手に当たると大変厄介なことになるので、くれぐれも不用意な解雇はしないように留意すべきである（詳しくは、第3章のP.240「問題社員がユニオンと共闘してきた場合に備えておこう」を参照）。

（5）裁判において解雇無効と判断される

上記（3）（4）の交渉の延長で裁判に至り、裁判所において「整理解雇は無効」と判断された場合には、当該従業員を職場復帰させたうえで、解雇したときからその時点までの賃金の支払い（バックペイ）をおこなわなければならない。

最終的に「退職」という形で和解解決できたとしても、解雇が無効であることを前提とした和解の場合は、バックペイに加えて「半年〜1年分、もしくはそれ以上の賃金」を上乗せして支払う場合がある。

また整理解雇の場合は、「賃金仮払いの仮処分」を申し立てられることが多く、それで仮処分命令が出れば、当該従業員は仕事をしていないにもかかわらず、会社は毎月一定額の賃金を支払わなくてはならなくなるのだ。

そもそも、なぜここまで解雇を厳しくしているかというと、日本的な終身雇用、年功序列制度に沿った労働行政と司法判断を長年続けてきたからに他ならない。すなわち、「昇進・昇給」や「退職金」といった将来への期待を持たせる形で採用し、若いうちは労働時間に見合わない低賃金で働かせていたのに、その果実を得る前に解雇してしまうということは、彼らの期待を裏切ることになるという、マネジメントとの関係がある。解雇のルールはマネジメント、働かせ方・働き方と一体であり、マネジメントの仕組みが変わらない中では、解雇の判断だけ変わるということは期待できない。

解雇トラブルがこじれることで、あなたと会社が失うもの

このように、気軽な気持ちでうっかり解雇してしまうと、その後に大変面倒な事態に巻き込まれる。それによってあなたと会社は、次のような大切なものを失ってしまうことになるだろう。

（1）お金

賃金や残業代について過去に遡《さかのぼ》って支払う必要が生じたり、裁判費用や罰金、損害賠償金等が発生するリスクがあったりする。弁護士費用などもかかるだろう。

（2） 時間

裁判やユニオンとの団体交渉など、長期間にわたって業務時間を割かれるリスクがある。

（3） リソース

右記（2）時間とのセットで、余計な手続きのためにあなた自身や経営陣、総務や人事担当が本来の業務に割くためのリソースが奪われてしまう。

（4） 社会的信用

労基署からの是正勧告を受けたり裁判に進展したりすればニュースになるし、損害賠償支払いや行政からの指導や処分がなされることで社会的信用が落ち、ネガティブな方向で話題になる。ネット上では誹謗中傷が飛び交い、それが事実かどうかに関係なく、センセーショナルな話題として消費されることになるだろう。

（5） 従業員のロイヤリティ

これまで会社に尽くしてくれた従業員の心も、会社の不適切な対応によって離れ、人が辞めたり、新たに採用できなくなったりするリスクがある。

（6）事業機会

信用も人材も失い、取引先なども失うことで、そもそも事業自体が存続できなくなる。行政処分によって営業停止や事業免許取消などになった場合、事業継続自体が困難になるだろう。

「コンプライアンス」という言葉がある。大企業が何かしらの不祥事を起こして報道される際に「コンプライアンス意識が足りなかった」「今後、さらに厳しいコンプライアンス体制を確立していく」などといった文脈で語られ、直訳すると「法令遵守」という意味である。

しかし昨今では、コンプライアンスとは単に法律を守るという意味だけではなく、「就業規則や社内規程、マニュアル等、所属組織の一員として守らなければならない規律全て」を守ること、さらには「企業倫理や社会的規範など、法令に定めはなくとも、社会的に求められる倫理や道徳規範」についても遵守すること、というニュアンスが含まれるものと認識されている。すなわち企業は、社会的ルールに従って企業活動をおこなわねばならず、コンプライアンス遵守姿勢を具体的に示さねばならないのだ。

多くの企業は、コンプライアンスの重要性を理解しており、対策もおこなっているはずだ。しかし一方で、同じような不祥事は相次いで発生し、報道もされている。そうなってしまう原因は、法律論のみに囚われ、「フェアネス（公正さ）」が不足しているからだと考えられる。法律を守ることはもちろん大切だが、社会の構造は、倫理や道徳的規範の遵守も含めた「公正さ」を重視するように変化しており、「法理は守ってるんだからいいだろう!?」とばかりにアンフェアなやり方で運営している企業は、変化に対応できない旧来型価値観の組織として、市場からの退場を突きつけられているのである。

企業における危機管理の相手は決して裁判所ではなく、一般消費者であり社会そのものである。**コンプライアンスの本質は単なる「法令遵守」ではなく、「時代とともに変化する社会的要請を正確に把握し、それに応じた行動をとること」にあるのだ。**本書を参考に、そういった規範に沿った対処を心がけていただきたい。

一般的な問題社員対応の書籍やセミナーなどでは、ここから「解雇の種類にまつわる解説」や「解雇が有効と認められるための条件」といった法律的な解釈のお話が始まっていくのだが、本書では詳しく扱わない。なぜなら、問題社員対応の有効な手段は「解雇」ではないからだ。

ここまでお読みいただいた時点でおわかりのとおり、わが国では制度として「解雇」という手段が存在しているにもかかわらず、さまざまな制約があり、実質的にほぼ使えない形になっているのが現状だ。もちろん、そういったルールやモラルを一切無視して従業員をクビにしている会社もあるが、その場ではうまくやり過ごせたと思っても、後々行政からの指導や訴訟へと発展したり、地域社会からの支持を失ってしまったりするなどのリスクを抱えることにもなり、全くお勧めはできない。したがって、「解雇」にまつわる法的解釈や説明は本文中では扱わないので、お知りになりたい方はP.258以降の巻末付録『解雇』にまつわる法的解釈」をご覧いただきたい。

本書でアドバイス差し上げるのは「解雇」ではない。では一体何をお伝えするかというと、**「退職勧奨」である。**そしてその退職勧奨にもパターンがあり、本書では一般的に知られている外堀からジワジワ埋めていくスタイルのものに加え、全く新しいスタイルのものも提唱していく。前者を「対象者にプレッシャーを与える」という意味で「北風方式」とするならば、後者はいわば「太陽方式」とでも言えるものだ。あのイソップ寓話『北風と太陽』からたとえている。ぜひご参照いただき、実践できそうな手段をとっていただければ幸いである。

確実な問題社員排除手法
退職勧奨（北風方式）

解雇は口頭でも成立するが、実質的な解雇規制は厳しい。ということは、たとえ社員がヘマをやらかしたとしても、ドラマやマンガのように「お前はクビだ！」などとても言えないわけだ。

しかし、実際に問題社員の排除が実行できている会社はたしかに存在する。そのカラクリは、**「解雇」ではなく「退職勧奨」をする**、という点にあるのだ。整理解雇（会社都合退職）には先述のとおり法的な基準が厳しいのに対し、退職勧奨（自己都合退職）を促すことについては、それがよほど執拗なものでなければ特段の縛りはないため、実行へのハードルが低いことが特徴である。

辞めさせたい従業員を積極的に自己都合退職に追いやる手法の一つが、人道的に容認されるものではないが、しばしば報道される「追い出し部屋」である。業績悪化した大手企業の事例がとり上げられることが多いが、ニュースにならない中小企業でも数多く存在していると言われる。

その手法は、会社が募集する希望退職に応じない従業員や、戦力外のリストラ対象となった従業員に単純労働を強いたり、自分自身の出向先や転籍先を探すことを仕事としたりするような部署に異動させ、自主退職せざるを得ないように仕向けるというものである。表向きは単なる「部署異動」であるから、会社としては「人事権を行使しただけ」と説明できるし、法的にも認められることだ。ただし、追い出し部屋行きを命じられた従業員側が不服として裁判になった場合、その目的に問題があったり、労働者に大きな不利益があったりすると、権利の濫用として無効になるケースがある。

実際、経営悪化した某大手電機メーカーにおいて100人規模の追い出し部屋への配転命令が東京地裁の判決で無効となったことがあった。その際は、部署ごとの人員削減人数を機械的にはじき出したことや、リストラ対象を選ぶ基準が不透明だったこと、対象者のキャリアや年齢に配慮しなかったことなどが問題視された。

一方、同じ東京地裁において、リストラで「退職を執拗に迫られた」として社員が勤務先を訴えた裁判があったが、「違法性はない」と判断されたケースもある。では、何が裁判官を納得させたのか。その違いは、**「適正に下された低評価」をもとにおこなわれたこと**にあった。すなわち、然るべき評価制度がもともと設けられていて、その評価の結果として「君は業績が悪いから、勧奨の対象になっているんだよ」と告げる形式であったことだ。さらに、あからさまに「辞めろ！」と迫るような扱いをするのではなく、「割増退職金」や「再就職支援」といった退職支援プログラムなどを提示したうえで、「今辞めると、これだけのメリットがあるよ」「そのほうがあなたのためになるよ」という具合に、「納得づくで退職を促す」というスタンスだったことも特徴だ。

とはいえ、総合職採用が一般的である日系企業においては、業績や能力に応じて待遇や諸条件を厳密に設定することが難しい。また、大企業ならともかく、中小企業で退職支援プログラムを整備する余裕のあるところは非常に少ないだろう。しかし、問題社員は中小企業にもたくさん存在する。むしろ、社員数の少ない中小企業のほうが、問題社員が会社に与える影響は大きく、被害は甚大である可能性が高いのだ。

そこで本書では、どんな企業でも実践できる「退職勧奨」の確実な進め方について解説する。「退職勧奨」は、必要な準備を怠り拙速に勧奨すると、「退職を強要した」としてトラブルになる危険がある。しかし、**入念な準備をおこない、適切な手順で進め、たとえ裁判になっても裁判官が納得する事実やその根拠を残していれば、過剰に恐れることはないのだ。**もちろん、裁判にならずにスムースに退職してもらうことが一番であるが、そのためには入念な方法で退職勧奨に持ち込むことが必要不可欠なのである。

退職勧奨もハードルが高い……でも解雇必至の場合の最終手段とは？（太陽方式）

問題社員を合法的にクビにするのは困難であり、一般的な退職勧奨（北風方式）をおこなうにも充分な準備とそれなりの手間が必要になる。そのような中、問題社員への怒りが先走ってしまい、その後のリスクを考慮せずに「お前はクビだ！」と叫んでしまったり、手続きや制度面の不備を指摘され、団体交渉や裁判で不利になってしまったりするケースも多いようだ。

しかし、本日以降はぜひご安心いただきたい。「クビ」とは一切言わず、法律にも触れず、準備に時間を要する退職勧奨をおこなわなくとも、問題社員が自ら「辞めます」と宣言してあなたの会社から去ってくれる、とっておきの方法があるのだ。結論から申し上げると退職勧奨の一種なのだが、一般的な手法とはかなり異なるため、個人的に「太陽方式」と名付けている。

『北風と太陽』のストーリーについては、今さら説明されなくとも皆さまご存知だろう。北風と太陽が力比べのため、旅人の上着を脱がせる勝負をする。北風は上着を吹き飛ばそうとするが、寒さのため旅人は上着をしっかり押さえてしまった。次に太陽が照りつけると、旅人は暑さに耐えかね、今度は自分から上着を脱ぎ、勝負は太陽の勝ちとなった。すなわち、人は厳しい態度で乱暴に扱われると却《かえ》ってかたくなになってしまうが、暖かく寛容な態度で接せられることによって自ら行動する気になるという教訓である。

重要なポイントは、いくらその存在が害悪で、「すぐにでも去ってほしい！」と願うような問題社員であっても、「相手の改善と成長を信じて積極的に働きかける」ということなのである。本当に悪意のある問題社員であればそれで去るだろうし、改善の余地ある社員であれば本当に改善する可能性のある、最後の秘密兵器たる手段なのだ。

コラム ケース別 社員の問題行動への対処法

ここでは、とりたてて悪意ある問題とまでは言えない、未熟な従業員のありがちな問題に対する対処法をお伝えする。小さな問題が根深い問題に発展しないよう、芽のうちに摘みとっておきたいものだ。

(1) 意識が低く、考えも甘い若手社員への指摘方法

Q わが社の若手社員の心構えがどうも甘すぎると感じます。上座下座のマナーもわかっていないし、作成させた書類は確認もせず、誤字脱字が残ったまま……遅刻をしてもあまり反省していない様子です。

気付くたびに「基本的なマナーくらいちゃんと勉強しとけよ」「遅刻で信頼

を失うこともあるんだから、しっかり意識しといたほうがいいぞ」「提出前に誤字脱字はきちんと確認しろよ」などと、極力声を荒げないよう穏やかに指摘していますが、全く伝わっている気がしません。

A「声を荒げないよう穏やかに指摘する」というお心構えは素晴らしいことですが、残念ながらお気付きのとおり、その指摘では若手社員に全く伝わっていませんね。

指摘の方法もさまざまあるため、これが正解だと断言はできないのですが、指摘や指示をおこなう際にぜひ最低限ご留意いただきたいことがあります。それは「どのようにでも解釈できてしまう、あいまいな言葉を使わない」ということです。

あなたが発した「ちゃんと勉強しろ」「しっかり意識しろ」「きちんと確認しろ」という指示自体が、「大事であるにもかかわらず、あいまいな表現のために伝わっていない」のです。

「ちゃんと」「しっかり」「きちんと」といった言葉は、内容を詳細に意図しなくとも、それらしいニュアンスを表現できてしまうため実に便利なのですが、だからこそ危ういのです。あなたが認識している「ちゃんと」と、相手がイメージする「ちゃんと」が同じはずはないのです。具体的にどれくらいのレベルで、どんな行動を求めているのか、明確に説明する必要があるのです。

相手が具体的にイメージできるまで、手間を惜しまず、細かい手順まで説明するように心がけられるとよいでしょう。たとえば先の例なら……

「ちゃんと勉強しろ」

↓「上座、下座の区別がつかないと、お客様をお迎えするときも、自分たちが訪問するときも失礼になり、会社自体のイメージにも影響する。これを機会に、応接室や座敷、乗り物に乗るときの上座、下座については把握しておけ。それをマスターしたら、接遇のマナー全般についても順次勉強していけよ」

「しっかり意識しろ」

↓「やむを得ない事情の遅刻なら仕方ないが、その分他の社員がカバーしてくれていることを自覚してほしい。職場秩序を乱すことにもなるから、体調管理を心がけ、多少の電車遅れも見越して到着できるようにするなど、できることを考えて実践してくれ」

「きちんと確認しろ」

↓「ちょっとした誤字でも、ビジネスとして出す文書ではご法度なんだ。これからは書類を提出する前に必ず一度見返して、『本当にこれでいいのか？』と確認してくれ。そして、部長に出す前にオレに見せてくれ。それでＯＫなら提出していい」

と、最初はこれくらいの具体性をもって説明する必要があります。そのうえで実践させてみて、無事にできれば言われた本人にとっても成功体験として自信になることでしょう。何事も、「言ったつもり」「伝えたつもり」ではいけません。相手に伝わったことが確認できて、はじめてコミュニケーションは成立するのです。

（2）仕事ができない中途社員を試用期間中にクビにしたい

Q 当社の競合にあたる大手企業を辞め、当社に転職してきてくれた営業社員がいます。実務経験も豊富で人当たりもよいので大いに期待していたのですが、研修が終了して現場配属になった直後くらいに、彼の上司から「試用期間中に解雇してほしい」との要望が来ました。どうやら、前職大手では商品力があったために売れていただけで、当社のように知名度が低い会社では同業界といえども売り込みが難しく、全然要領を得ないようなのです。当社は規模が小さいため、配置転換などで移ってもらえるような余裕のある部署はありません。試用期間中に解雇しても問題ないでしょうか。

A よくあるケースですし、こういったときにクビにしたいというお気持ちはよくわかりますが、この背景状況で解雇は困難です。まず、他に打てる手から打っていかなくてはなりません。

「試用期間中は解雇しやすい」といった言説も流れていますが、そのためにはあくまで「客観的で合理的な理由」がいりますし、入社後14日が経過しているのであれば、30日以上前の解雇予告か、解雇予告手当の支払いも必要になってきます。試用期間中といえども、解雇の厳しさはあまり変わりません。

それよりも、まずは本人と上司に面談し、適切な指導がおこなわれているかどうか確認したほうがいいですね。同業大手出身ということで、あえてきちんとした説明や研修がなされていなかった可能性もあります。会社規模や立ち位置が違えば、営業方針も異なりますから、そこから丁寧に説明・指導すべきでしょう。そのうえで改善し、本人にやる気もあるなら見守っていけばいいでしょう。

一方で本人が「この会社のやり方は自分に向かない」と考えているケースもあります。その際は無理矢理解雇せず、退職勧奨をおこなえばよいのです。

また、この機会に選考や面接のあり方を見直すこともお忘れなく。同業大手出身ということで、甘い判断で選考を通してしまっていたのではないですか。営業手法の違いや厳しさを伝えたうえで、それでも大丈夫かと選考段階で念押しするべきでした。入社後にミスマッチが発覚すると、それまでにかけた金銭的、時間的コストもムダになってしまいますから、同じことを繰り返さないようにしましょう。

(3) 業績は良いが、部下への当たりが厳しいマネジャーへの対処方法

Q 営業部門で好業績を上げていた若手社員をマネジャーとして抜擢し、部下指導を任せたところ、予想外に厳しい指導をしていたようで、彼についていた部下の業績が落ちたり、休みがちになってしまっています。とはいえ、大声で叱責するような明確なパワハラをしているわけではなく、部下にとっては、冷静かつ論理的に詰められるのがプレッシャーなようです。彼の指導内容は正論であり、彼自身もプレイングマネジャーとして引き続き業績を上

げており、役員から高く評価されていることもあり、なかなか彼を指摘できる人がおらず、部下が辞めてしまわないか心配です。

A 今の状態を放置すると組織が崩壊します。適切な介入が必要でしょう。まず、部下の業績や勤怠記録を証拠として問題のマネジャーに見せたうえで、適切な指導ができるように要求し、コミュニケーション方法の改善を求めましょう。いくら指摘が正論でも、それが部下に伝わっておらず、不要なプレッシャーを与えているのならば問題ですから。彼が数字を上げていることはわかりますが、そのような指導を放置したままだと、会社が公認している形となり、他の従業員の心も離れていってしまうリスクがあります。

要求に従って彼がコミュニケーションを改善できれば問題ありません。しかし改善できない場合は、彼のやり方についていける人だけを部下として残すか、管理職から外し、部下をつけずに改めてプレイヤーとして仕事をしてもらったほうがいいでしょう。役員に対しては、それら一連の経緯と要求概要、数字の変化等を示して理解してもらいましょう。

（4）レジからお金を盗《と》った横領社員をどう処罰すべきか

Q 複数店舗を運営していますが、ある店舗だけ売上の動きがおかしく、確認したところ閉店後のレジ金額が合わないトラブルが度々発生していたことが判明しました。さらに詳しく調べた結果、信頼して長年運営を任せていた店長が売上金を横領しており、薄々気付いていたスタッフもいたものの、「でもまさかあの店長が……」との思いから疑心暗鬼となり、店の売上にも悪影響が及んでいたようです。

店長は罪を認めて深く反省しており、お金の返済について約束して念書も書かせました。たしかにショックでしたが、経験豊富な人材をクビにするのはもったいない気もしており、事情を知らない部署への配置転換を考えていますが妥当でしょうか。

A 長年信頼していた店長の行為はさぞ不本意であったことかと思います し、本人の態度も勘案されたいお気持ちもわかりますが、ここで配転など温情を示してはいけません。断固、懲戒解雇すべきです。

いくら反省や返金の意を示そうが、店長がやった行為はれっきとした「横領罪」(業務上横領)という犯罪です。刑法犯に対して処罰もせず、甘い対処をしたという前例ができてしまうと、組織のモラルは一気に崩壊し、同じような被害が多発したり、まともな従業員が「こんなモラルのない会社にはいられない」と辞めていってしまったりするリスクが高くなるでしょう。店長という立場も鑑《かんが》み、ここは厳しく解雇すべきです。

会社は被害者ではありますが、長年信頼していた人を横領に走らせてしまう穴があったかもしれません。キャッシュレス決済を進めたり、売上金はダブルチェックにしたり、監視カメラを配置したり、不正の報告窓口を設けておく、などの予防策もとれたはずです。再発防止策もあわせて検討・導入しておきましょう。

（5）仕事が合わないからと異動したがる社員

Q 入社4年目の人事部門社員が、かねてからの本人の希望によって販売部門に異動しました。しかし、なかなか思いどおりに仕事ができなかったようで、1ヶ月後に再度「販売は合わないので、人事に戻してほしい」と言い出しました。しかし、この異動のために人事部門には後任を就かせましたし、販売部門は人手不足のため彼女を手放したくない状況です。一旦無理だと伝えましたが、その直後から体調不良を訴え出るようになり、度々会社を休むようになってしまいました。しまいには「部署異動できれば体調も治ると思う」などと言い始める始末です。先日は彼女の親からも連絡があり、「大切な娘を預けているのに、会社は何をやっている⁉」と息巻いている様子でした。会社としてどう対処すればいいのでしょうか。

A 本人の希望を入れるべく準備を進めたうえで実現した今回の異動ですから、会社としてそう頻繁に異動させることはできないでしょう。異動自体は会社の人事権として認められていることですので、今般の社員の再異動の希望については受け入れなくても問題ありません。

単に本人のわがままなようにも思えてしまいますが、もしかしたら現部署において、いじめやハラスメントの被害に遭っている可能性もありますので、まずは秘密厳守を約束したうえで、「販売の仕事の何が合わなかったのか」「どんな理由で再異動したいのか」など、じっくりヒアリングする必要があります。そのうえで、体調不良を訴えている事情もありますので、医師の診察を受けさせましょう。場合によっては適応障害などの診断が出る可能性もありますので、医師の指示に従って、必要があれば休職させることをお勧めします。異動については、復職後に改めて対応すればよいでしょう。

（6）社内不倫の告発に対してどう対処すべきか

Q 社内から「同僚女性とその上司が不倫をしているようで不快なので、会社から注意してほしい」との告発がありました。聞くところによると双方とも既婚者で、当人たちは全く周囲から気付かれていないと思っているらしいのですが、実は職場では公然の秘密といった状態のようです。なぜかその2人がコンビで外出したり、退社時間も同じだったり、休日出勤する際も決まって一緒とのことで、周囲からは「公私混同ではないか」「環境型セクハラではないか」などと噂になっているようです。これはセクハラになるのでしょうか。また、特に業務自体に支障が出ているわけではないのですが、会社としてプライベートにどこまで介入してよいものか、考えあぐねています。

A 社内恋愛や社内不倫について、「業務に支障が出ていないのであれば、私的行為の範囲内」と捉えられることが多いですが、これは隠れたリスク要因です。恋愛ならまだしも、不倫はそもそも民法上の「不貞行為」ですので、事実が明らかになった場合、いずれかの配偶者から損害賠償請求や離婚訴訟を提起される恐れがあります。また、何かのきっかけで関係が悪化した場合、ストーカー事件になったり、セクハラされたなどと訴えが起こされることもあり得ます。そうなった場合、会社側の管理責任をまず問われますし、仕事はもちろん周囲の労働環境にも悪影響を及ぼし、本人たちも会社にいづらくなってしまうでしょう。会社としては職場の秩序を保たなければなりませんので、問題が発生する前に解消しておく必要があります。

まず、社内で不快を訴える人にヒアリングして事実確認をおこない、その中で問題行為があったのであれば就業規則の懲戒規定（社内秩序や風紀を乱す行為、など）に当てはめて処分しましょう。最初は文書注意や警告からはじめ、それでも変化がなければ譴《けん》責、減給、出勤停止などの処分へと進めていきます。ただこの場合は双方同程度の重さの処分であること、そして行為と比して重すぎる処分にならないよう留意してください。そうでなければ、逆に本人たちから不当な処分だと訴えられてしまうリスクもありますので。

(7) 休職しているのに遊んでいる様子の社員

Q 先日、営業社員がメンタル不全による体調不良の診断をもとに休職に入りました。さほど大きくない会社のため、同部署の社員が彼の仕事をカバーするために残業が増えるなど大変な思いをしている中、とある社員が「休職者が朝から家族旅行に向かおうとしているのを見た」と報告してきました。他の社員にもヒアリングしてみると「昼間からパチンコをしているらしい」「同僚主催の合コンにもフラっと来た」などと、他にも余罪があるようなのです。元気なのは回復している証拠なのかもしれませんが、「会社に行こうとすると体調が悪くなる」とも言っていたらしく……残された社員が苦しい状況の中、休職中の社員が遊び呆けているようでは示しがつかず、「なんで休んでる奴の給料まで稼がないといけないんだ」などという声まで上がり始めました。どうすればいいのでしょうか。

A それだけ遊べるエネルギーがあるなら復職できるではないか、と思われるのも当然でしょう。ただし、出社しようとすると不調になるという症状自体は本当にあるもので、一概にサボりだと断言もできないのがもどかしいところです。

こういったトラブルを防ぐには、そもそも就業規則において休職における諸条件を細かく規定しておくことが必要でした。たとえば、「勤務態度が芳しくない場合は、休職を命じて治療に専念させることができる」「休職期間中は月に1度受診し、健康状態を報告する」「同じ病気で休職と復職を繰り返す場合は、休職期間を通算する」「一定の休職期間を満了しても復職できない場合は自動的に自己都合退職となる」などです。このようなルールがなければ、ダラダラ休職し続ける人を増やすだけになってしまいます。

今からできることとしては、あくまで復職に向けたサポートという名目で、本人と主治医を交えて定期的に面談する機会を設け、休職中の過ごし方などの情報を共有することです。そのうえで主治医の意見も取り入れながら復職を企図していけばいいでしょう。それでも復職できないのであれば、ルールに従って退職してもらうしかありません。

第2章

【実践編】このやり方で失敗しない！合法的な問題社員排除の進め方

さて、ここまでお読みいただき、相手が問題社員であっても、合法的にクビにすることは困難であり、また、安易に解雇をおこなうことには、さまざまなリスクが存在することをご理解いただけただろうか。

第1章の最後で、本書の目指すべきゴールは「解雇」ではなく「退職勧奨」をおこなうところにある、と述べた。退職勧奨は、法的に特段の縛りがあるわけではないので、よほど執拗なものでなければ違法性はなく問題ではない。しかし、先ほど紹介した「追い出し部屋」の例のように、客観的に見て納得できる事実や根拠がないまま勧奨することは、人事権の濫用となり得るため危険である。

では、一体どうすればスムースに退職勧奨をおこなうことができるのだろうか。本章では、トラブルになることなく問題社員を辞めさせる手順について詳しく解説していく。その流れは、次のとおりである。

問題社員を辞めさせる手順

- STEP1 就業規則の整備
- STEP2 社員とのコミュニケーション

問題社員のみならず、普段から全社員を対象におこなっておくべき事項

- STEP3 ヒアリングと対処
- STEP4 書面による注意
- STEP5 人事異動・配置転換
- STEP6 懲戒処分
- STEP7 退職勧奨
- STEP8 太陽方式

問題社員が出てしまったときに問題社員を対象におこなう事項

※それでも退職に至らない場合はやむを得ず、懲戒処分としての「諭旨解雇」、懲戒処分としての「懲戒解雇」、労働基準監督署と相談のうえで「普通解雇」をおこなう

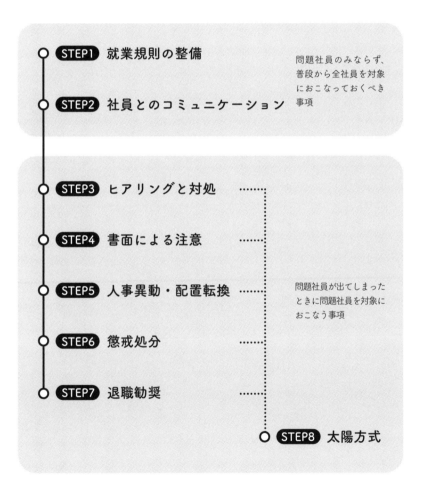

本書のゴールである「退職勧奨をおこなう」までには、このようなステップが存在する。「こんなステップは省いて、早く退職勧奨をやる方法を説明してほしい」と思われるかもしれないが、それがまさに難しい点であり、本書のメインテーマでもあるのだ。なぜなら、退職勧奨を成功させるカギは、これらのステップにある丹念な事前準備、そして「やるべきことを地道に継続する」ことにあるからだ。

実際、必要な準備を怠り、拙速に退職勧奨をおこなったり、退職を強要したことでトラブルとなり、結果的に退職勧奨が無効になったりした事例も数多く存在する。判例を見てみよう。

CASE 04

ゲーム会社S社のケース（東京地判 平11・10・15）

S社では、人事評価が低い社員を対象に大幅な人員整理を実施していた。人事評価の平均水準に満たない社員50名超を対象に退職勧奨をおこなった際、正社員Aのみが退職に応じなかった。S社はAに対し、就業規則に定められた解雇事由である「労働能率が劣り、向上の見込みがないと認めたとき」に当たるとして解雇した。しかしAは解雇を無効として、地位保全及び賃金仮払いの仮処分を求めた。

結果、解雇は無効と判断され、S社は仮払金約350万円の支払いを求められることとなった。なお裁判中、Aは「的確な業務遂行ができなかった結果、配置転換となった」「取引先から苦情が出て、担当業務から外された」「その他の業務でも評価が低く、3回おこなわれた人事考課の結果はいずれも下位10%未満であった」など、業務遂行能力が平均以下であることは認められている。それでも解雇が無効になった理由は、

・就業規則の解雇事由「労働能力が劣り、向上の見込みがない」に対して、会社側が主張する「積極性がない」「協調性がない」等の理由に事実の裏付けがなかった
・会社が教育、指導することでAの能力を向上させる余地があったにもかかわらず、それを怠った

とのことで、「解雇に値する程度の『著しい能力不足』とは言えない」との判断であった。したがって会社としては、問題社員の能力不足を感じた場合は、**普段から能力不足の根拠となる具体的な事実を示したうえで、当該社員を文書で注意・指導する必要があり、かつ注意・指導履歴をきちんと保管し、記録して証拠とするべき**であった。そうすれば、「事実の裏付けがない」「教育、指導を怠った」と判断されることもなかったであろう。

そんな結果にならないために、会社としてどのような準備を進めていけばよいのか。具体的にやるべきこととその流れを説明していこう。なお便宜上、細かく段階分けして解説しているが、全てのフローを一つも飛ばすことなくやらねばならない、というわけではない。問題社員のタイプに合わせて、コラム等もご参照いただきながら、適宜必要な処置をとることができればよいのだ。

STEP・1

就業規則の整備

「なぜ就業規則が必要なのか？」と問われたら、「法律で決まってるし、仕方なく……」といった認識の経営者は多いかもしれない。実際、労働基準法においては一つの事業所で常時10人以上の労働者（パート、アルバイト含む）がいる場合には就業規則を作成し、労働基準監督署へ届け出る義務があり、届出をしないと、30万円以下の罰金が科せられる決まりになっているからだ。

なかには「そんなものにわざわざお金をかけなくても……」とばかりに、ネット上で閲覧できる雛形をそのままコピーして自社の就業規則としている所も多いだろう。さらには法律に則《のっと》り、「ウチは社員10人もいないから……」と、そもそも就業規則を備えてさえいない会社もあるようだ。

しかし、就業規則には大きなパワーがある。キレイゴトに聞こえるかもしれないが、「就業規則が会社を守る」という言葉は事実なのだ。

就業規則は会社のルールブックそのものだ。スポーツには万国共通のルールがあるから誰から見てもわかりやすいし、プレイヤーは安心して楽しくプレーができる。ルール違反をすると即刻ペナルティが科せられるのはスポーツの世界では当たり前だが、それが企業となるとどうだろうか。

素晴らしい経営理念を掲げているのに、従業員にあまり浸透していない会社。従業員の考えや行動がてんでバラバラな会社。問題行動を起こす従業員に対して、厳しく対応できない会社……。これらはもしかしたら、就業規則を整備することで解決できるかもしれない。就業規則がある会社は、内容を定期的に見直し、必要に応じて改訂し、労基署に届け出て、従業員がいつでも中身を見られるようにしておかなくてはならない。もしあなたの会社でそのようになっていないのであれば、早急にとりかかるべきである。

そもそも就業規則とは、賃金や労働時間など、使用者と従業員が守るべきルールをあらかじめ定めた規則である。労働契約法においても、「労働契約の内容が就業規則で定められている労働条件となる」と明確に定められている。会社も従業員も安心して働ける環境をつくるためのルールを整備することで、会社は組織内の問題がトラブルに発展しないように対処することができる。また、就業規則は万一のトラブルの際には会社を守ってくれる存在でもあるのだ。病気になってから薬を飲む「対症療法」ではなく、普段から病気にならない体づくりをおこなう「健康管理」のようなもの、と言えばイメージが明確になるだろうか。

従業員にルールを守って気持ちよく仕事をしてもらうためには、「納得感」が重要になる。そして納得感を持ってもらうためには、「当社の目標や方向性」「なぜ当社では○○が大切なのか」といった明文化された説明が必要だ。それには就業規則こそが最適なのである。

同時に、いつ起きてしまうとも知れない労務面のトラブルや労働問題についても、「当社では××を問題行動と判断する」「問題行動を起こした場合は、こんなペナルティがある」と明示することで、トラブル発生を未然に防いだり、トラブルが厄介な労働問題に発展することを防いだりする効果があるのだ。逆に就業規則がなければ、問題に対して会社が強い態度で臨むこと自体が難しくなってしまうだろう。

就業規則がないのは大きなリスク

就業規則には労基法で定められた、必ず記載しなければならない事項がいくつかある。

（1）労働時間

・始業、終業の時刻

・休憩時間――その長さ、与え方

・休日――その日数、与え方

・休暇――年次有給休暇、産前産後休業、生理休暇、特別休暇等

・就業時転換に関する事項――交替期日、交替順序等

（2）賃金

賃金（臨時のものは除く）の決定、計算方法

賃金の決定要素と賃金体系

賃金の計算方法
賃金の支払の方法――直接支給、銀行振込等
賃金の締切日・支払
月給、週給、日給の区分――月給、週給の月の締め日と支給日
昇給に関する事項――昇給の時期、その他の条件

(3) 退職
退職、解雇、定年の事由
退職、解雇、定年の際の手続き

そして、法的には必須事項ではないものの、筆者が強く規定をお勧めしておきたい事項がある。それは、**欠勤や遅刻、問題行為に関する「懲戒処分」と、「休職」に関するルールだ。**これらにまつわる規定がない会社は大きなリスク要因を抱えているようなものである。なぜなら、その会社には「ルールが存在しない」ことと同義だからだ。ということは、従業員が遅刻や無断欠勤をしたり、悪意を持って会社に損害を与えるなどのトラブルを起こし

たとしても、「そういうことをしてはいけない」というルールがないのだから、罰したり処分したりできず、対応が場当たりになってしまうのだ。これは組織の存亡に関わる大問題である。したがって、たとえ10人未満の組織であっても、就業規則を作成することには大いに意義があるし、作成するなら懲戒処分と休職についても規定しておかなくてはならない。

就業規則で規定していなければ対応できない事項としては、具体的には次のようなことがあげられる。

・遅刻や欠勤に対応できない

社員が遅刻や欠勤をした場合、通常会社は法定の限度額を超えない範囲内で、働かなかった時間分の給与を控除できる権利がある。しかし就業規則がなければ、賃金の算出基準も控除の規定も根拠がなくなり、その権利を行使できない可能性があるのだ。

・休職に対応できない

就業規則がなければ、どんな条件なら休職できるのか、休職期間がどれくらい続いて状況が変わらなかったら退職となるのか、といった規定がないため、休職期間が長引いて退職となる際にトラブルになる可能性がある。

・退職に対処できない

民法の規定では、従業員は退職を申し出てから2週間経てば会社を辞めることができる。しかし実際は、業務の引継ぎや残った有休の消化などを考えると2週間では足りないことが多いはずだ。こんなときに就業規則があれば、会社のルールとして「引継ぎを確実におこなうこと」といった退職に関する取り決めをすることができるが、就業規則がなければ業務を放置して辞めてもお咎《とが》めなしになってしまうリスクがある。

・懲戒ができない

無断欠勤や情報漏洩《ろうえい》、職務怠慢など、従業員の素行不良や犯罪行為が明らかになった場合、会社は懲戒処分（譴《けん》責、減給、降格、出勤停止、解雇など）をおこなうことで反省を促し、再発を防止するわけだが、そもそも就業規則に懲戒の規定がなければ、会社都合で処分することはできなくなってしまう。もし就業規則なしで懲戒処分や解雇をしてしまったら、「そんなこと、就業規則に書いてない！」「不当解雇だ！」と言われてトラブルになり、訴えられてしまう可能性もあるのだ。裁判になった場合、就業規則がなければ会社は確実に負けてしまうだろう。

・制度を使えない

前項の「休職」や「懲戒処分」をはじめ、退職金、配置転換や出向、有休の計画的付与などは就業規則で明示しなければおこなえないことになっている。また、特定の労働者を雇い入れた事業主に対して支給される雇用関係助成金を申請する際にも、要件として就業規則の作成と備え付けが含まれていることが多い。

その他、労基署が関与する事態や労働委員会のあっせんなどの場面においても、就業規則は真っ先にチェックされる。いわば、就業規則によって会社が判断され、就業規則が会社を守る盾となり得るのだ。逆に考えれば、就業規則が未整備のままでは、会社から従業員に対する指導や処分は全て「不当労働行為だ！」「パワハラだ！」などと騒ぎになるリスクと常に隣り合わせになるということである。矛も盾も持たずに戦場に放り込まれた状態では、手も足も出ないことは明白だ。早急に対処すべき事項である。

なお本書巻末付録として、理想的な就業規則文案を掲示しているので（P.282〜）、各社のご事情に合わせて適宜追記修正して改訂に活かしていただければ幸いだ。

就業規則作成の注意点と、作成・改訂の後にやるべき大切なこと

就業規則を定めるということは、会社の公式ルールを明文化することと同義だ。その内容は会社が自由に決めることができるが、大前提として2つのルールがある。それは、

・すでに法律で定められている基準を下回ってはいけない
・現状の労働条件を下回る待遇条件（不利益変更）にしてはいけない

ということである。

前者については、たとえば「ウチの会社は1日の所定労働時間10時間！　週6日勤務にしよう！」と定めたとしても、すでに労働基準法において上限が「1日8時間、週40時間まで」と決められているため、その条件は自動的に無効になる、ということだ。

後者については、たとえば「不景気だから、定期昇給は無しにしよう！」「今まで退職金制度があったけど、この機会に廃止にしよう！」などと、従業員にとって不利益となる形で一方的に変更してはいけない、ということである。同様のケースとして、「もともと決められていた賃金を一方的に引き下げる」「もともと存在していた福利厚生を廃止する」「夏季休暇と年末年始休暇をなくして、有給休暇を強制的に取得させる」なども不利益変更に当たると判断される。

ただし、不利益変更をおこなうことが完全に不可能というわけではない。労働契約法第10条では、不利益変更について「就業規則の変更に合理性があり、その就業規則が周知されている場合に限っては、変更後の労働条件も有効」として認められている。すなわち、「変更に合理性」があって、「就業規則を周知」するという2つの条件を満たせば、たとえ不利益な変更であっても可能ということになる。

ちなみに、本書でお伝えしている懲戒規定を細かく設けることについては充分な合理性があるため、不利益には当たらないと言えるが、念のため慎重を期し、完成した就業規則内容についてはできるだけ多くの従業員に個別合意をとっておくことをお勧めする。労働組合がある会社であれば労働組合の、組合がない場合は従業員の過半数を代表する者の意見を聴いたうえで、意見書にサインを得られれば問題ないだろう。

なお、就業規則は作成・改訂して終わりではない。その後、「内容を従業員に周知」し、聴取した意見書を添付したうえで「労働基準監督署へ届出」することが義務付けられていることをご留意いただきたい。就業規則を作ったところまではよいが、原本が社長室の引き出しや金庫に保管され、社長しか見られないような状態になっているケースも散見されるが、それでは就業規則が発効しない。次のいずれかの対応が必要なのだ。

・就業規則の書面を従業員に交付する
・常時各作業場の見やすい場所へ掲示するか、備え付ける
・磁気媒体や電子データとして保存し、従業員が自由に見られる状態にしておく

その後、労働基準監督署へ届出をおこなう。この周知と届出の手続きを怠った場合、労働基準法違反となり罰則が適用されるので要注意だ。ちなみに、内容を周知した段階で意見書に反対意見が記入されたとしても、その意見書が添付されていれば原則として労働基準監督署は就業規則を受理することになっており、効力自体には影響がない。

いずれにせよ、就業規則については不利益変更や届出を怠ったことよりも、何より「従業員へきちんと周知をしていない」ことのほうが大きな問題になる旨、重々ご留意いただきたい。

STEP・2

社員とのコミュニケーション

問題社員にまつわるトラブルが発生する原因のほとんどは、「コミュニケーション不足」もしくは「放置」によるものだ。特に人手不足の状況下で苦労して採用した思い入れのある者ほど、「まだ入社間もないから……」「異業界からの転職だし……」「今ヘソを曲げて辞められると困る……」「厳しく指導して、パワハラと言われたり反発されたりしたら面倒……」といった考えから、つい腫《は》れ物を触るように扱い、問題行動に対して厳しく指摘できないといったことが起きやすい。

また、同じ従業員の同じ問題行動に対して、あるときは厳しく指導し、別のタイミングでは指導しなかったり、また上司によって指摘する人としない人に分かれたりするなど、組織としての対応に一貫性がないと、問題社員は「この組織には統一した対応指針もないし、管理職の対応もバラバラだ」と舐《な》めてかかってくることになりかねない。

相手が問題社員か否か、また具体的な問題行動の有無を問わず、普段から従業員と密なコミュニケーションをとっておくことを基本として心がけておきたい。そのうえで、月1

回程度のペースで各従業員と面談することは有効だ。1対1でヒアリングし、課題や悩みに対してフィードバックをおこなうことで信頼感の醸成につながる。また会社組織の意図を経営陣から直接伝える機会であり、問題行動の芽があれば気付いて摘むこともでき、「モンスター化」を予防できる効果もある。

問題行動が確認できた場合、都度指摘することが被害拡大防止のためには有効だ。しかし、まずは普段から密なコミュニケーションがなされていて、一定の信頼関係ができていなければ、突然指導したところで「何をいきなり」と反発を生むだけだ。地道なコミュニケーションを継続することで、必要なタイミングで指導ができるための素地をつくっていると捉えていただければよいだろう。

面談の場においても、気付いた点があれば指摘をするべきだが、言いっぱなしで終わるのではなく、指導に対して「いつまでに」「どのような」アクションを起こし、結果としてどう改善したのか、都度確認してきちんと指導が活かされているか振り返るべきである。そこまで徹底することで、規律が守られる風土が醸成されていくのだ。

STEP・3

ヒアリングと対処

問題社員の問題行動について、周囲からヒアリングし状況を把握する

もしあなたの会社の従業員に問題のある言動が実際に見られたり、もしくはそのような報告がなされたりした場合は、いきなり本人を問い質《ただ》すのではなく、まず状況を確認し、把握することが重要である。具体的にどのような問題が発生しているのか。その原因は何だと考えられるか。個人的な問題であるかもしれない一方で、組織で発生している問題に対処するために、あえて本人が問題行動をとっている可能性も考えられる。

その際、まずは客観的かつ広い視野で把握することを心がけ、本人から事情聴取する前に、周囲の社員や先輩、上司などに対して広くヒアリングをおこなうことが必要だ。最初期に的確な現状把握をすることが、その後の適切な対応につながっていく。その後の本人

へのヒアリングにおいて問題行動を否認される可能性を考慮し、この時点で具体的な証拠（証言のほか、メール、録音、録画など）があれば極力確保しておくことをお勧めする。

問題社員本人にヒアリングする

常識も話も通じず、理不尽な要求をしてくるからこそ「問題社員」として扱われるわけで、本人から事情をヒアリングすること自体気が重いかもしれない。しかし、この段階におけるヒアリングの目的は、「問題社員の言い分を受け入れる」ためのものでは決してなく、あくまで「問題社員が一体どのような理屈で問題行動を起こしているのか、相手の思考パターンと行動パターンを把握する」ためのものである。今後どのような方針で対応を進めていくか決めるためにも必要なので、次の留意事項に沿って進めていただきたい。ちなみにこの進め方は、相手が問題社員でなくとも、「怒り等で感情的になっている人」や「悪質クレーマー」等に対応する際にも有効であるから、全てのビジネスパーソンにマスターしておいていただくことをお勧めする。

(1) 相手が落ち着くまで話をさせる

感情的になっている相手に、理詰めで対応しようとすると逆効果になってしまう。まずは相手の感情が落ち着くまで話をさせ、言い分をきちんと聴いているという姿勢を示すことだ。それによって相手も冷静になるし、問題点が明らかになるという効果もある。

このとき留意しておきたい「**聴くときの3ない**」がある。それは「**遮《さえぎ》らない**」「**疑わない**」「**突っぱねない**」だ(あくまでこの時点での話であり、問題社員の嘘がわかって最終的に疑うことはもちろん可能だ)。

「**遮らない**」

自分の話を遮られるのは誰でも嫌なものだ。いくら相手の話が支離滅裂でおかしいと思っても、途中で遮って「でも……」「しかし……」と反論してしまうと、相手を「いいから聞いてくださいよ!」と却《かえ》ってヒートアップさせてしまいかねない。せっかくヒアリングの場を設けたのだから、まずは相手の思いや伝えたいことを全て吐き出させよう。

「疑わない」

相手の言い分には一方的で疑わしい部分があるだろうが、たとえ信じがたい内容であっても、即座に否定したり、「嘘だろ?」「本当なの……?」と聞き返したりしないように心がけよう。その態度が相手の気分を害し、その後の対処を困難にしてしまうリスクがある。

「突っぱねない」

たとえ相手の意見や要望に、誤解や受け入れられないことがあったとしても、その場で「でも会社は悪くない」「あなたにも問題がある」と突っぱねてしまうと、せっかく怒りをクールダウンさせる場を用意したのに逆効果となってしまう。気持ちはわかるが、まずは相手を落ち着かせることを優先すべきである。

(2)「傾聴」しつつ事実確認する

前段において「3ない」に留意しつつ聴く姿勢を示すことで、この段階における「傾聴」が活きてくる。これは問題社員のみならず、相手が誰であっても有効な心掛けだ。傾聴とは文字どおり、自分が聞きたいことだけを聞くのではなく、相手に注意を払って丁寧に聴き、相手の伝えたい意図を受け止めるということである。この姿勢は、興奮している相手の気持ちを落ち着かせるためにも有効だ。その際に有効なのが「反応」と「共感」である。

「反応する」

異論を挟まずに相手の話を聴いていたとしても、聴いている姿勢が相手に伝わらなければ意味がない。普段から「話を聞いてますか？」などと問われてしまうような人は、反応が足りていないことが考えられる。その際に有効なのが「うなずき」や「相槌《あいづち》」だ。何もせずに聞いているよりも、うなずいて反応することで、相手は「聞いてもらえている」と視覚的にわかるので、ポジティブな印象を与えることができ、事実確認も進展しやすいだろう。また相槌にはさまざまなバリエーションがあり、それだけで反応を示すことができるので、状況に応じてできるだけ幅広く使い分けられることが望ましい。

〈言い分を把握した〉
「なるほど」「そういうことなんだね」「ほほう」

〈疑問や、軽い驚き〉

「へえー！」「おや」「そうなのか!?」

〈相手の話を促す、掘り下げる〉

「それでそれで？」「具体的には？」「それはどういうこと？」

「もっと詳しく教えてくれないか」


「共感する」

問題社員の言い分などに共感したくない！　と思われる気持ちもよくわかるのだが、先述した「3ない」の箇所でもお伝えしたとおり、相手の話にいきなり反論してはコミュニケーションが成立しない。自分と意見が違うからこそ、相手の意見を「そうか、君はそう思っていたんだね」「そういう考え方もあるな」「たしかに一理あるね」といった具合に、まずは受け止めるステップが必要なのだ。

ちなみに「共感」は決して「同意」ではない。自分とは違う意見であっても、まずは「そのように考えるあなたの存在は認めるよ」という姿勢を相手に示すことが重要であり、そこから新しい対話が生まれていくのだ。

（3）話を深め、最終確認する

あなたが社員のために時間を割き、相手の話を引き出し、ここまで徹底的に傾聴と共感をおこなえば、普通であれば「心ゆくまで話ができてスッキリした」「じっくり聴いてくれて嬉しい」「自分は大切にされている」という思いが生まれ、信頼回復には充分な効果が期待できるものだ。実際、特段アドバイスなどおこなわなくとも、ただ「話を聴く」だけで不平や不満がかなり解消できる、ということはよくある。問題社員相手のみならず、普段のコミュニケーションでも大切にしていただきたいポイントだ。

そのうえで、ここまでヒアリングした内容に誤解がないか、こちら側の理解が正しいかどうかを把握しよう。いったん立ち止まって「確認」することの効果は大きい。たとえば、

「ぜひ、そこのところを詳しく聴かせてほしいな」
「いつくらいからそう思ってたの？」

「特に、どんなときにそう感じる？」

「あなたとしては、どういう風にできたらいいと思う？」

「あなたの意見をきちんと理解したいから、詳しく教えてほしい」


といった具合に話を深めていき、相手が言い尽くしたところで、

「なるほど、あなたはそういう風に感じていたんだね」

「このように変えてほしいと考えているんだね」


「あなたの話のポイントは○○と●●だと捉えたけど、どうだろうか」

「ここまでの話をいったん整理してみよう。要点は■■と□□ということでいいかな？」

「△△だと理解したけど、それで大丈夫？」

というふうに話をまとめて確認することで、相手には「伝えられて良かった」「言いたかったことを理解してもらえた」という思いが生まれる。このようにひたすらヒアリングに徹し、地道に確認することで、あなたへの安心感と信頼感の獲得につながるのである。

客観的事実と主観的意見を整理する

問題社員の言い分は往々にして、事実と意見がごっちゃになった「一方的な主観的意見」であり、彼らが主張するような問題や違法行為が本当に発生したかどうかはヒアリング段階ではわからないものだ。

たとえば、「先輩の○○さんに厳しい口調で詰問されて恐かった！　パワハラだ！」という訴えがなされたとしても、それはあくまで「私はパワハラを受けたと認識している」というだけの情報であって、本当に「厳しい口調の詰問」があったのかどうか、そしてそれが「パワハラ行為」だったのかどうかはその時点では断定できない。

ここまでの問題社員本人及び周囲へのヒアリングをもとに、本人の主張と起きていたことにまつわる裏付けをとっておき、そのうえで「これは問題社員の主観的意見」「これは証拠もある客観的事実」という具合に整理して記録することが重要だ。さもなければ、問題社員の意見だけに皆が振り回されることになるだろう。

対処方法を検討し、提示する

これまでに得られた情報を取りまとめ、内容を踏まえたうえで問題社員への対処方法を決定しよう。

それが会社や周囲への不満や要求であり、妥当性のあるものであれば、会社として「できること」「できないこと」を明確に示したうえで、「いつまでにどのような状況まで変化すれば納得できるか」というゴールイメージをすり合わせて共有し、組織全体の仕組みとして改善できればよいだろう。

また問題社員自身の言動を正すものであれば、「問題行動が発生する原因」自体を解決すべく、上司や先輩、同僚にも協力を仰ぎながら、同様に期限を定めて「あるべき姿」を目指して改善を促すことになる。

一方で、問題社員からの要求が到底受け入れられない理不尽なものだったとしても、一連のヒアリング過程において相手の主張に丁寧なケアをしているため、相手はあなたからの意見を受け入れるための心の準備が整っているはずだ。ここは多少強く主張しても、関係破綻するリスクは小さくなることが期待できる。まずはこのようにやんわりと、相手の意見を尊重したうえで会社としての立場を伝えるのだ。


「なるほど、君の言いたいことはよくわかったよ。でも会社としては、××という部分もあるんじゃないかな……」

「それに対しての私の意見は、実はこうなんだ……」

「私の立場から言わせてもらうと……」


このときにご留意いただきたいのは、一般論や正解を提示するのではなく、ニュートラルに「私個人の考えとしては」という立場を保ちつつ、あなたが伝えたいこと、伝えるべきことを明確に言うことである。

逆にこのタイミングで最もやってはいけない対応は、一刻も早く問題社員絡みの面倒な事態を収めたいがため、**理不尽な要求を（一部だけでも）呑んでしまうことだ。**一度でも要求が受け入れられてしまうと、その後要求がだんだんエスカレートしていくことが多く、それが事態をさらに悪化させることもよくある。あくまで、是非を明確に伝えることが大切である。

経過観察する

対処方法を提示したことで、問題社員の意識や言動、行動に変化が見られ、問題が解決する可能性もある。まずは一定の期間を設定して様子を観察し、改善が見られるかどうか確認しよう。改善したのであれば、問題は軽度であったということで何よりの結果だ。そしてそれでも問題が解決しない場合は、次の段階の「人事的な対処」へと移っていく。

STEP 4 書面による注意

問題社員をとにかく辞めさせたいというお気持ちはよくわかるが、ここまでご覧いただいたように地道な布石が必要だ。「これほどまでに会社が手を尽くしたのに、どうしても改善しなかった」という背景事情があってはじめて、退職勧奨や解雇が有効になるからである。

そして、ここまでの温情的な対応でも改善のきっかけをつかめなかった問題社員に対して、ここからは段階的に厳しい対応へと移行していく。強制的に辞めさせる前に、まずはこれらの対応を一通りおこない、その記録を逐一書面に残しておくことが重要だ。

問題社員の問題行動に対して建設的な指導をおこない、一定期間経過観察した。それで改善できれば問題ないが、残念ながらそれでも改善が見られない場合、当該問題社員に対して「注意」をおこなう必要がある。

注意というと口頭での注意をイメージしがちだが、それだけでは後々「言った」「言わない」の問題となり、もし裁判等に進展した場合に注意指導がなされたことが証明できないリスクがある。そのようなトラブルを回避するため、**注意の際はその内容が記された書面をあわせて交付し、同時に問題社員から内容に齟齬《そご》がない旨の署名・押印を取得しておくようにすべきである。**

口頭だけの注意では伝わりにくくとも、形ある書面に残ることで改善につながる場合がある。また、問題社員が書面を受け取り、内容を確認した旨の記録がたしかに残ることで、問題行動が実際にあったことと、それに対して指導がなされたことの証明が容易になるという効果もある。

＜注意書のテンプレート＞

令和　年　月　日

○○部○○課

○○○○　殿

○○株式会社

人事部長○○○○　印

注　意　書

貴殿は現在、当社○○部○○課に所属し、○○業務に従事していますが、●月●日以降、口頭において再三指導がなされてきたにもかかわらず、同業務に従事する他社員に比して極めて業務遂行に時間を要し、ミスも多い状況にあります。

ついては、今後は業務に専念し、効率化を図るとともに、ミスを少なくするよう努力してください。

なお当面は、所定労働時間内で集中し、同時間内に他社員と同水準となるよう努力するよう求めます。そのため●月●日までの期間、時間外労働は一切おこなわず、所定労働時間内で仕事を処理してください。

以上、本書をもって注意いたします。

- この注意書に対して、事実と相違する等、貴殿の言い分があるときは、この文書を受け取ったときから１週間以内に文書で当職宛に提出してください。
- 指導に従うときは、速やかに下記に記入の上、当職まで提出してください。

記

本書面を令和　　年　　月　　日に受領いたしました。

今後は、指導を受けた事項について、改善するよう努力いたします。

氏名　　　　　　　　　　　　印

STEP・5

人事異動・配置転換

業務命令により、組織内で問題社員の位置づけを変更することも有効だ。人事異動にはさまざまな種類が存在するが、同じ企業の同一勤務地内における所属部門の変更を「配置転換（配転）」と言い、同じ企業内の勤務地変更を「転勤」、企業外への配転を「出向」や「転籍」として区別している。なお、**人事異動としての配転においては、降格や減給などが伴わない、あくまで「横移動」であることが一般的だ。**

配転によって異なる職種に就くことにより、業績不振の社員であっても新たな適性が発揮される可能性があることや、裁判においても「会社は雇用維持のために努力をした」と判断される材料となるため、問題社員対応の手段としては必須かつ有用な選択肢と言えよう。

人事異動、配置転換をおこなう際の注意点

使用者は労働契約に基づき、労働者の採用や配置、地位変動や処遇などを決定する権限を持っており、それらを総称して「人事権」と呼ぶ。「自分の会社なんだから、社員をどこに異動させようが自由だ！」とお考えの方も多いかと思われるが、この人事権については権利の濫用を防ぐため、労働法や労働協約によってさまざまな制限を受けており、無条件で行使できるわけではないのが実態であることをご留意されたい。

〈**人事権**〉

懲戒権――企業秩序を乱すような違反行為に対する権利
解雇権――労働者との労働契約を解約する権利
配転命令権――労働者の職務内容や勤務地を決定する権利
出向命令権――労働者に対して、子会社や関連会社などでの業務を命じる権利

人事権には3つの制限事項があり、この要件を無視して異動させてしまうと、「使用者による人事権の濫用」として無効になってしまう可能性がある。

(1) 業務上の必要性があること

(2) 労働者に不利益を負わせないこと
たとえば、当該社員の家族に介護を要する者がおり、当該社員の転勤によって介護継続が不可になる場合に、転勤命令が無効になった判例がある。一方で、単身赴任や子の転校を要する程度であれば有効と判断されることが多い。

(3) 他の不当な動機や目的がないこと
明らかな嫌がらせや見せしめ目的である場合は権利濫用と判断されたり、パワハラとして損害賠償請求が認められたりする可能性がある。

いわゆる「追い出し部屋」がその例だ。問題社員を辞めさせる目的で、「キャリア開発室」「人材活用センター」といった名称の部署を設けて特定の社員を異動させ、達成困難な課題を与えて未達成者を厳しく叱責したり、逆に単純作業しかやらせないようにしたりする、といったやり口が報道されることがある。

法律上、配転自体がただちに無効となることはないのだが、その部署でおこなわれる行為については、厚生労働省が定めるパワハラ6類型のうち「過大な要求」及び「過少な要求」に該当する可能性が極めて高く（詳しくはP.225からの「パワハラの典型例」を参照）、不法行為として損害賠償請求の対象となり得る可能性がある。

そして当然ながら、配置転換や降格、出向、転籍などがあり得る旨をあらかじめ就業規則に明記しておき、労働契約書面でも合意を得ておかねばならない。

〈「配置転換」の場合の注意点〉

配置転換は就業規則に規定がある限り、一般的な人事異動として幅広く認められている。ただし、「勤務先限定」「職種限定」といった条件で採用した社員の場合は、その合意を無視した配置転換を命じることはできない。

〈「出向」の場合の注意点〉

出向（在籍出向）とは、元の会社と雇用関係を残したまま別企業に就労し、出向先企業の服務規律と指揮命令に従うことである。一般的に、将来は元の会社に戻ることが前提となるケースが多い。こちらについても、就業規則で規定を設け、採用時に労働者の同意がなければ命令することができないので留意されたい。また、先述の人事権の制限事項である3つの要件（業務上の必要性、不利益回避、合理的人選）も当然考慮される。

〈「転籍」の場合の注意点〉

転籍（転籍出向）の場合、元の会社との雇用契約は終了となり、文字どおり「籍を別会社に移転する」形となる。社会保険なども新たに出向先の会社で手続きすることになるため、実質的に転職と同じ位置づけであり、元の会社には基本的に戻らない前提となる（これは、グループ会社などを持つ大企業の場合が主であり、一般的な問題社員対応の場面で用いることは稀かと思われるが、人事権の一つとしてご参考までに説明しておく）。

労働者の地位が大きく変化する命令となるため、採用時の包括的な同意では足りず、当該社員との個別の同意を得て進める必要がある。そして転籍の同意が得られた場合は、元の会社を退社することになるため、退職金規定がある場合はその支払いや、有給休暇の消化・清算等をおこなう必要も出てくる。

〈異動に伴って「降格」や「減給」がなされる場合の注意点〉

「降格」や「減給」は懲戒処分の手段としても存在するが、それらは戒めとしてのあくまで一時的なもの。一方で配転に際して降格や減給がなされる場合は、人事権の発動として問題社員の職位や給与を「将来にわたって低下させる」ことを指す点が異なる。

そもそも役職の引き下げは、地位を特定して採用していない限り、人事権として広く認められているものだ。先述の3要件（業務上の必要性、不利益回避、合理的人選）を考慮したうえでおこなえばよいだろう。

ただし、「降格に伴って賃金を引き下げる」ケースにおいては、問題が起こりやすいので注意が必要だ。役職に伴う職能資格（等級）と給与テーブルが連動している会社が多いため、役職や肩書を引き下げた際に、等級まで一緒に下がってしまい、自動的に給与まで下がってしまうことがある。しかし、降格自体は有効でも、同時に賃金まで引き下がることについては無効となってしまうケースも存在する。降格は人事権の領域だが、賃金引下げは労働条件の変更だからである。あくまでこの2つは別問題であり、**「降格にあわせて、職能資格と賃金も引き下がる場合がある」といった形で就業規則と労働契約を整備しておかねばならない。**

人事権の行使には、公正と慎重が不可欠である。そのためにも就業規則はきっちり整えておき、説明を尽くし、不要なトラブルを生まないようにしておきたい。

〈「教育研修」も活用しよう〉

「指導しても改善しなかった」という記録が積み重なり、評価にも反映したのであれば、その判断をもとに異動や配転、降格や減給がなされることになる。しかし、たとえ問題社員の業績が芳《かんば》しくなくとも、それだけを理由にして解雇することは残念ながら困難なのだ。労基署や裁判所では、「能力不足の問題社員といえども、その社員を面接して採用したのはあなたの会社なのであるから、会社として手を尽くして社員の成長をサポートし、本人の適性に合った仕事をあてがうべきである」という判断をされることが常だからだ。

逆に、社員の能力不足が著しいことが判明したうえで、会社側が複数回の配置転換をおこない、また研修機会を用意して教育指導を施すなどのサポートをおこなっても改善が見込まれなかった、という理由での解雇が有効と判断された例はある。いきなりのクビではなく、まずは教育訓練機会、目標設定とサポート、配転など、「できる限りの支援を実施した」という記録と証拠は残しておきたい。

STEP・6

懲戒処分

注意や配転でも改善が見られない場合、「戒告」「減給」「出勤停止」「降格」といった、就業規則で定めた制裁罰（懲戒）を検討しよう。

いずれの手法も、従業員の生活に大きな影響を及ぼすものであるため、不当なやり方でおこなってしまうと却って「不法行為」「不当労働行為」だとして損害賠償を請求される場合がある。またその後の退職勧奨や解雇の有効性を争うことになった際にも不利になるリスクがあるので、問題となっている事象の重大性や頻度などを考慮したうえで、下すべき処分を慎重に選択しなければならない。

懲戒処分をおこなう際の注意点

懲戒処分とは、企業が従業員の企業秩序違反行為に対して科す制裁であり、いわば「問題社員の問題行動に対して公式に罰を与える」ことである。問題社員への直接的な処分であると同時に、従業員全員に対し、当該問題行動が好ましくない行為であることを明確に示し、企業秩序を維持する目的もある。

適切な懲戒処分をおこなうことで、企業の規律を高める効果がある一方で、労働者にとっては不利益に当たるため、慎重におこなう必要がある。前項の人事権と同様、注意点としては次の点があげられる。

(1) 就業規則や労働契約における規定が必要

どのような行為が懲戒処分に該当するのか、あらかじめ就業規則等で明確に定めておく必要がある。そして、規定した懲戒事由に該当した場合に限り、懲戒処分をすることができる。逆に、就業規則に記載のない理由で懲戒処分をした場合、裁判を起こされれば、懲戒処分は無効と判断されることになるのだ。

（2）他事案と比して処分が平等であること

同じ問題行動には同等の処分が下されないといけないし、懲戒処分が問題行動の内容と比較して重すぎると無効となってしまう。

従来は黙認していた問題行動に対して初めて懲戒処分を適用する場合は、事前の充分な警告が必要である。たとえばセクハラを理由に懲戒解雇となった裁判では、セクハラ自体は事実としながらも、懲戒解雇処分は重過ぎるとして無効となり、かつ解雇のために受け取ることができなかった給与の支払いを逆に会社側が命じられる、という判決が出たことがある。

（3）適正な手続きが踏まれていること

たとえ問題行動が確認されたとしても、一方的に懲戒を出せるわけではなく、まずは本人にも弁明機会が与えられなければならない。また1度の問題行動に対して出せる懲戒処分も1度のみであり、複数回の処分をおこなうことはできない。

これらの条件を守らないと、その懲戒処分は「権利の濫用」として無効となるばかりか、場合によっては問題社員側から精神的苦痛を受けたとして慰謝料を請求されることにもなりかねないので留意が必要だ。

そのうえで、一般的な懲戒を軽いものから順に紹介していこう。

＜表：懲戒処分＞

	懲戒処分の内容	本人の経済的不利益
戒告・譴責・訓戒	文書で注意する。会社によっては始末書を提出させる	なし
減給	給与を1回減給する	1回の問題行動に対しては、半日分の給与を限度額として減給される
出勤停止	一定期間、出勤を禁じ、その期間を無給とする	出勤停止30日なら30日分の給与が支払われない
降格	従業員の役職や資格を下位のものに引き下げる	降格処分に伴い、役職給が下がることが多い
諭旨解雇・諭旨退職	退職届の提出を勧告し、提出しない場合は懲戒解雇する	退職金は通常どおり支払われる会社が多い
懲戒解雇	問題行動に対する制裁として、従業員を解雇する	退職金の全部または一部が支払われないことが多い。解雇予告手当も通常支払われない

「注意」（訓戒・戒告・譴責）をおこなう

＊無断欠勤や、業務上のミス初回レベル

いずれも「職務上の義務違反について警告し、将来を戒める」意味合いで、懲戒処分としては最も軽いものと位置づけられている。このうち「訓戒」「戒告」はいわゆる「口頭注意」であり、問題社員に限らず、従業員に何らかのミスや不手際があった際に、その都度上司が注意するといった日常的な行為も含む。

このうち「譴責」には「厳しく責めること」という意味があり、口頭による注意に加えて「始末書」「顛末書」などの書類提出が求められるなど、「訓戒」「戒告」よりも若干重い処分と規定されていることが多い。いずれにせよ内容としては口頭や文書で指導するだけなので、労働者に対して直接的な不利益を与えるものではない。しかし、当該社員の人事考課等の際に考慮されるほか、全従業員に対して懲戒を受けた従業員の問題行動が好ましくない行為であることを示すことができる面もある。

勤務態度や対人関係など問題行動を繰り返す社員に対して、都度その場で注意指導し、定期的な面談でも改善を要求した――それでも本人が自覚せず改めようとしない場合は、

遠慮なくこれら訓戒・戒告・譴責の処分をおこない、改善が見られるまで積み重ねていくべきだ。

小さな違反に指導がなされ、それが積み重なって最終的には重い処分を受ける。たとえば、交通違反でも最初は反則切符で点数が引かれる程度だが、やがて呼び出しを受け、最終的には免許停止や免許取消処分になるし、会社の労基法違反も最初は是正勧告だが、それを無視して違反を繰り返せば書類送検され、やがては逮捕・起訴されることになる。問題社員の違反行為も同様で、無視して問題行動を続ければ最終的にはクビになるわけだ。

問題社員の問題行動が発覚したら、ただちに「警告書」「注意書」といった形で文書で注意指導し、当該社員にはコメントを付したうえで署名させる。あわせて上司側では「指導記録書」を作成しておき、具体的にどのような問題行為があったか、周囲にどのような悪影響を与え、どんな指導をしたか等の記録を重ねておくとともに、期日を定めて本人にも「始末書」を提出させ、反省と改善の意を表明させるとよい（当然ながらそれらの記録は人事評価にも用いられ、「昇給／昇格の据え置き」や、場合によっては「降格／減給」といった形で反映することになる）。

そのうえでまだ改善が見られないようであれば、処分を段階的に次の「減給」「停職」などへと重くしていくのだ。

「減給」をおこなう

＊遅刻や欠勤、業務上のミスが複数回確認され、すでに訓戒・戒告・譴責処分が下されたり、始末書を提出していたりするにもかかわらず、さらに同様の行為が繰り返されるレベル

問題行動に対する制裁として、従業員の給与を減額する懲戒処分。減給については労働者保護の立場から、次のとおり制限（労働基準法第91条）が設けられているので留意が必要である。

- 1回の処分に対して、減給総額が従業員の平均賃金の1日分の半額以内でなければならない
- 減給総額は、当該賃金支払期における賃金総額の10分の1以内でなければならない

たとえば、月給30万円の従業員なら1回あたりの減給は5000円程度だ。同月内で複数の減給処分が下されるとしても、その回数は6回（約3万円）までとなり、その額を超えるような減給処分は法律上不可能となる。もしその額を超えて減給制裁をおこなう必要がある場合は、次の賃金支払期まで待たなければならない。また、1回の問題行動に対する減給処分で減給できるのは1回のみであり、一定期間を定めてその間ずっと減給できるというわけではない。

「出勤停止・休職」をおこなう

＊職場内の暴力行為、重要な業務命令を拒否、職務怠慢によって会社に損害を与えたなどのレベル

従業員に一定期間出勤を禁じ、その期間の給与を無給とする懲戒処分である。停止期間については法律上の上限はないものの、通常は就業規則で上限が決められている。実質的には1～2週間（10～15日）程度が多いが、出勤停止よりも重い制裁である「懲戒休職」という処分を設けている場合もあり、その際は1～3ヶ月程度と設定されることが多いようだ。

これらの場合、当該期間中は一切無給となる関係上、従業員が受ける経済的不利益の程度は減給よりも圧倒的に大きくなる。そのため有効性は厳しく判断される傾向にあり、それだけの事由に該当するくらいの問題行動があったのか、行動に対してこの処分は重過ぎないかどうか、慎重な判断が求められる。

「降格」をおこなう

＊機密漏洩、風説流布、パワーハラスメントやセクシャルハラスメント行為レベル

従業員の能力不足であったり、役職として適任ではなかったりする場合におこなわれる「人事異動としての降格」ではなく、こちらは「規律違反行為をおこなった問題社員への懲戒処分としての降格」である。前者は先述のとおり、企業の「人事権」に基づいたもので比較的企業側の自由裁量が認められているが、こちらの降格は企業の「懲戒権」に基づくもので、より厳格に有効性が判断されることになる。出勤停止処分であれば、該当期間が終了すればまた元の職位と給与に戻るが、降格処分では元の職位に戻れるまでの期間、ずっと低い給与水準のまま据え置かれ、職位に付随した諸手当もなくなってしまうからである。

したがって、問題社員の違反行為が確認できて降格程度の処分が必要な場合は、「人事異動」とするのか「懲戒処分」とするのか検討し、念のため弁明の機会を設けたうえで、口頭での説明に加えて「降格処分通知書」を発行し、書面で記録を残しておくなど、くれぐれも丁寧に進めていくことをお勧めする。

<降格処分通知書のテンプレート>

令和　年　月　日

○○部○○課　課長
○○○○　殿

○○株式会社
人事部長○○○○　印

降　格　処　分　通　知　書

貴殿に対し以下の懲戒処分をしますので通知します。

記

1、懲戒処分の種類
　降格処分

令和○年○月○日付で○○部課長の任を解き、◆◆部◆◆課での勤務を命ずる。

2、処分事由

（1）貴殿は令和○年○月○日から○年○月○日までの間、以下のパワーハラスメント行為をおこないました。

・
・
・

（2）貴殿の行為は、就業規則第●条●項●号の懲戒処分の事由「素行不良で、著しく会社内の秩序又は風紀を乱したとき（ハラスメントによるものを含む)」に該当するため、貴殿を降格処分にすることにします。

以上

さて、現実的にここから先の懲戒処分が適用されるのは犯罪者レベルとなるため、職場の問題社員対応の場面で用いることは稀かと思われるが、ご参考までに説明しておく。

諭旨解雇・諭旨退職について

＊長期無断欠勤、業務上横領、着服、贈収賄、刑法犯罪で実刑レベル

問題行動のあった従業員に対して退職届を提出させて自己都合退職扱いにし、穏便に会社を辞めさせる処分である。クビになるレベルの重大な問題を起こした従業員に対する懲戒であるが、最も重い「懲戒解雇」が「会社が一方的に退職させることができる」ものであるのに対し、こちらの諭旨解雇は「一定期日内であれば、退職届を提出することで自己都合退職ができる」という猶予を設けたものとなる。当該社員のそれまでの勤務態度に問題がなかったり、犯した罪を償う意思があったりするなどの情状酌量余地がある場合に適用されることが多い。

　またこの場合、退職金を全額支払うかどうかで判断が分かれることが多いが、最も重い「懲戒解雇」の場合は退職金を支払わない旨を就業規則で明記し、こちらの諭旨解雇の場

合はあくまで自己都合退職扱いのため、退職金を全額支払うものと設定することが一般的である。

しかしどうしても問題社員に対して退職金を支払いたくないということであれば、就業規則もしくは退職金規程において「諭旨解雇の場合は退職金を支給しない」と定めたり、これはあくまで懲戒処分である旨の念書をとったりするなどの対応をしておく必要がある。

なお、「勧告日から一定期日（3営業日以内など）までに退職届を提出しない場合は懲戒解雇とする」といった条項をあわせて設けておくとよいだろう。

懲戒解雇について

問題行動への制裁として、問題社員を解雇する懲戒処分。退職金が支払われず、解雇予告手当も支払われることがない、最も重い懲戒である。ドラマやマンガなどではよく目にするものの、実際のところは会社に重大な損害を与えるレベルの刑事罰に相当する罪を犯し、当該社員が事実を認めた場合にようやく適用されるような「抜かずの宝刀」的な存在であり、あくまで例外的な手段という位置づけなのだ。なぜなら、労働契約法15条に定められた「懲戒権濫用法理」というものがあり、懲戒解雇が有効かどうかに関しては普通解雇よりも厳しい判断がなされるためである。

「懲戒解雇になるようなことをしでかした問題社員に対して、簡単に懲戒解雇できないのか⁉　じゃあどうしたらいいいんだ⁉」と、お困りの方には大変お待たせしてしまったが、ようやく次節以降で「合法的な辞めさせ方」である「退職勧奨」について解説していこう。

コラム　問題社員のタイプ別対処方法

問題社員の問題行動を指摘しても、口頭注意だけではなかなか改善しない場合がある。そこから「懲戒処分」へと移行する前に、まずは経過観察に至るまでの時点でどのような対処方法が提示できるか、問題行動別に例示しておこう。

(1) 規律を守れない／無視するタイプ

「遅刻、早退や無断欠勤が多い」「営業で外出すると言いながら、実際はサボっている」「残業許可制にもかかわらず勝手に残業し、残業代を稼ごうとする」などの行動が見られる場合、どう対処すべきか。

遅刻や欠勤、残業などは記録がついているし、サボりも結果的に営業成績に反映するものであるから、いずれも客観的なデータが確保できるはずだ。当該問題社員の上司や周囲の同僚の意見も先に聴取したうえでそれらの証拠を提示し、なぜそのような行動に至ったのか、本人に原因を確認しよう。

そして「規律を無視する行為は容赦できない」と認識させ、同様の問題行動を繰り返さないように約束させることが重要だ。「ノーワーク・ノーペイの原則」に基づいて、無断欠勤や遅刻、早退をした時間分については、給与から差し引くことも忘れてはならない。

また、無断欠勤や遅刻が多い社員だけを対象に「より面倒なルール」を適用させ、簡単にルール違反をできなくさせる、という方法もある。たとえば、通常ルールであれば「メールやLINEでの遅刻連絡OK」だが、一定回数遅刻や欠勤が積み重なると「遅刻・欠勤が判明した時点で必ず上司に電話連絡＋具体的な理由を明記した届出書提出」などとする。それで改善すれば、通常ルール適用に戻す、という方法だ。

また本人が申告したスケジュールどおりに行動できないケースが頻発する

場合は、「朝夜メール」の導入が有効だ。これは問題社員のみならず、この機会に全社で導入してもよい効果的な管理手法である。仕組みはいたってシンプルであり、

・全てのメンバーに
・毎朝勤務開始前に
・その日一日のスケジュールを15分単位で見積り
・終業後、実際にどのように仕事を進めたのかを記録し
・朝と夜にそれぞれ記録したものを、メールで送信してチームで共有する

というものだ。慣れれば誰でも5分程度で完了する。

この「朝夜メール」のメリットは大きく2つある。第一に、メンバー各自が自らの働き方を可視化することで、的確に改善していくことができること。第二に、部署全体の「働き方」を集計・分析することで、部署が抱える潜在的な課題を明確にして、具体的な解決策を検討できるようになることだ。

前者については、始業前に見積ったスケジュールと、実際の業務結果の差異を毎日振り返ることで、着実に働き方を改善していくことができる。見積りよりも余計な時間を要しているタスクがあれば、「なぜこんなに時間がかかるのか」と気付き、改善できるきっかけとなるのだ。

またメンバーが互いの「朝夜メール」を見ることができるため、「早く効率的に仕事ができている人」や、「成果を継続的に上げている人」の仕事の進め方から多くのことを学べる機会となったり、部署内で重複した仕事をしていることに気付けて効率化につながったりするなどのメリットもある。

そして後者については、一定期間の「朝夜メール」を集計・分析すれば、部署全体で「どんなタスクに時間を取られているか」が一目瞭然となる。たとえば社内会議の時間がやたら多いことがわかれば、重要度が低いものは書面の回覧のみにするなど、効率化を進めるきっかけになるわけだ。

これらの取り組みによって、部署全体の生産性まで向上できれば一石二鳥である。一方で、そこまで対処しても問題行動が改善しなければ、次の段階である人事的対処へと移行することとなる。

（2）対人関係に難あるタイプ

「暴力を振るう」「暴言を吐く」「特定社員を無視する」「協調性がなく、他社員とトラブルを起こす」といったハラスメント行為や嫌がらせをおこなう問題社員にはどのように対処すべきか。

基本は他のタイプと同様、「いつ、どのような場面で、誰に対して、どのようなハラスメント行為があったのか」について、被害を受けた社員から事情聴取するとともに、その様子を目撃した周囲の社員からも証言を得ておこう。実際になされた問題の言動の記録があれば確保しておき、できれば録音などをしておいて証拠を保持できていることが望ましい。

そのうえで、まとめた情報をもとに問題社員本人に確認をとる。このとき否認されたとしても、証拠があればそれを提示して再度確認しよう。問題社員がハラスメント行為を認めたら、「労働環境を悪化させる問題行動は容赦できない」旨を伝え、問題社員自身が行動を改めるように言い含める。場合によっては、配置転換等で問題社員を別部署に異動させるなどの手段も検討しよう。

また管理職によるハラスメント行為の場合も、部下からの申告とあわせて詳しい事情を聴き、原因を特定することになる。結果として管理職としての経験不足が原因ということであれば、研修を実施するなどして改善が見込めるが、そもそも管理職の適性がないということであれば、降格または管理職から外すといった対応をとることになる。

(3) メンタルや体調面に不調を抱えるタイプ

体調不良やメンタル不調が発生すること自体は、突発的なものもあるので致し方ないが、「体調不良を理由に頻繁に遅刻する／休む」「メンタル不調を理由に頻繁にミスをする」「少々の叱責で体調不良を訴え、数日間出社しなかった」など、慢性的に不調を訴えられたり、ごく一般的な注意や指導でも不調に繋げてしまわれたりすると仕事にならないケースもある。このような場合はどう対処すべきか。

そもそも使用者は、社員の心身の健康に対する安全配慮義務を負っている（労働契約法第5条）。まずは問題社員の勤怠記録をもとに、直接本人に対して具体的な問題を指摘し、医療機関の受診や産業医との面談などを勧めるべきである。特にメンタル面の不調は本人が自覚しにくいケースもよくあるため、会社側から受診を勧めることが重要となる。

そのうえで、治療や休養が必要といった診断結果となった場合はその指示に従わせることになる。ここからは就業規則の出番だ。病気休暇制度があれば、当初はそれを用いて病欠扱いとし、手持ちの病気休暇や有休を使い果たしたら就業規則に基づいて休職命令を出すことになる。

休職期間中も主治医や産業医との面談機会を設けて様子を把握しておき、規定の休職期間が満了した時点で、問題社員が復職可能な状態になったかどうかを判断するのだ。その際、心身状態が業務に耐え得ると判断されたら職場復帰させ、回復できていないと判断すれば就業規則に沿って「自然退職」といった形で対応すればよい。

（4）そもそも能力不足のタイプ

「採用応募時のアピールとは裏腹に、全く仕事ができない」「至らない点を指摘されると『パワハラだ！』と騒ぎたてる」「要領が悪く、仕事をこなすのに人一倍時間を要し、本来不要な残業をせざるを得ない」といった、自身の能力不足が原因で業務が滞ったり、周囲に迷惑をかけたりする社員にはどのように対処すればよいのだろうか。

他のケースと同じく、まずは当該社員が周囲と比していかほど能力面で劣後しているのか、同程度の年齢や社歴の同僚社員の業績や、本人が期初に申告した目標と比較して瞭然となるような証拠記録を確保しておく。そのうえで本人と面談して、現状が期待値に至っていない旨を認識させねばならない。

本人が能力不足を自覚し、改善の意思が見られるなら、指導や研修機会を提供して必要な能力やスキルを習得させ、その後の変化を確認しよう。それで改善できれば問題ないのだが、もし能力が向上しなかったり、姿勢に変化が見られなかったりする場合は、別部署への配置転換なども検討しなければならない。

ちなみに、特定の能力やスキル、資格等を保持していることを前提に採用されていながら、入社後に当該能力やスキル、資格がなかったことが明らかになった場合は、「合否に影響する経歴詐称」という形になり、その時点で「懲戒解雇」が有効となる可能性もある。しかし繰り返し述べているとおり、就業規則がなかったり、就業規則に「経歴詐称は懲戒解雇」との定めがなかったりした場合には当然ながら懲戒処分ができない。就業規則の規程がいかに重要かおわかりいただけるだろう。

解雇が有効か無効かは判断が難しい場合が多いので、その場合は「退職勧奨」をおこない、本人の意思で退職してもらうことになる。

STEP・7

退職勧奨

ここまで、問題社員に対して改善の機会を与え、懲戒処分もおこなってきた。それで改善に至れば御の字だが、なかにはそこまで手を尽くしても解決に至らない真の問題社員がいるものだ。

重要なことなので何度も繰り返すが、問題社員を早く厄介払いしたいあまり、深く考えずに「お前はクビだ！」とやってしまうのは大変リスキーで危険な行為だ。昨今は労働法にまつわる知識も広く知れ渡っており、ここで慎重に対応しないことには問題社員が勢いづいて「不当解雇だ！」と主張し、泥沼の訴訟やネガティブな風評拡散に発展する可能性がある。

そのような目も当てられないトラブルを未然に防ぐため、解雇に踏み切る前にぜひ検討してほしい有効な手段がある。それが「退職勧奨」だ。文字どおり、**従業員を退職に向けて説得し、相手の同意を得て退職させることである。**解雇と比べると、**従業員の同意を得ている点でトラブルになりにくく、企業としてのリスクも低いというメリットがある。**

よく「外資系企業ではクビになりやすい」と言われるが、そういった企業における「クビ」とは、言葉を換えれば「非常に強力な退職勧奨をおこなう」ということであり、解雇という形式ではなく、社員との交渉によって「なんとしてでも退職の合意を取り付ける」という「合意退職」に持っていくやり方なのである。

イメージとしては、問題社員に「辞めろ！」と迫るのではなく、「あなたは業績／態度が悪いから、勧奨の対象になっているのだ」と告げ、「今辞めると、これだけのメリットが得られる」という具合に「退職を促す」ような形だ。会社からの一方的な処分ではなく、本人の合意があって成立するものであるから、違法性はない。しかも解雇の場合は「被解雇者選定の合理性」をとやかく言われてしまうが、退職勧奨の場合は「適正に下された低評価」をもとにおこなわれるので合法なのだ。実際、これまで退職勧奨について争われた裁判においても、退職勧奨の進め方（執拗な要求、脅迫的な言動）が問題視されたことはあっても、問題がある従業員に対して会社が退職勧奨・退職勧告をおこなうこと自体はなんら違法ではない、との判断になっている。

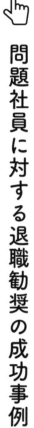

問題社員に対する退職勧奨の成功事例

（1）住宅メーカーS社のケース

住宅メーカー社員Aは同社で長年勤続し、営業係長の地位にあったが、長期間にわたって全く業績を上げられていない状態であった。会社からAに対しては、成績向上を求めて複数回の面談がおこなわれたが、結果的に成績が向上することはなく、面談は最終的に退職勧奨に至り、Aは退職届を提出して退職した。

後日、Aは「会社から『退職に応じなければ懲戒免職にする、その場合には退職金も支給されない』と言われて無理矢理退職を強要された。退職は真意ではない」として労働審判を申し立てた。しかし裁判では「会社の就業規則に『成績不良を理由に解雇することがあり、その場合に退職手当は支給されない』との規定がある」こと、「長期間全く業績なしであれば解雇事由に該当する可能性は極めて高く、懲戒免職を持ち出す必要はない」ことから、「営業成績からして、面談等を重ねたことや、その結果最終的には退職勧奨にまで至ったことは、企業としてはやむを得ない措置」であり、「Aが退職勧奨の趣旨と内容を理解したうえで退職届を提出したことは明らか」との判断が下り、企業側の主張が支持され、退職勧奨は有効とされた。

（２）人材サービス企業Ｗ社のケース

人材紹介業と求人広告代理店業を営むＷ社に勤務していたＢは、業績は良好であったものの、顧客との関係性に影響を及ぼす重大なミスを複数回繰り返し、指導しても改まらなかった。そのため会社はＢに対して退職勧奨をおこない、Ｂはこれに応じて退職した。

しかし後日、Ｂは「退職を強要された」と主張し、６ヶ月分の給与相当額の金銭補償を求めて労働審判を提起。審判では退職が合意か強要かが争点となったが、会社側はミスの度に指導文書を発行したうえで、誰がどのような指導をおこなったか記録を残していた。また退職勧奨の場においても、誰がその場に立ち会い、具体的にどのような話し合いがなされたのかについても記録を残していた。結果的にその記録から、退職勧奨に立ち会った責任者は

Bと同期入社で友人関係にあり、不当な力関係は存在しなかったこと、そして退職勧奨後にBから「新たな職場で前向きに頑張っていく」という趣旨のメールが送られていた事実も明らかとなったため、労働審判において「退職は合意によるもの」と認められることとなった。

これらの事例のように、退職勧奨を経た合意による退職であっても、退職後に「実は本心では合意していなかった!」「強要されたが、その場では拒否できない雰囲気だった!」などとして従業員側が訴えてくるケースは存在する。しかし、ここまで説明してきたように、就業規則を整備し、ある程度の時間をかけて面談や指導を繰り返し、都度文書などで記録を残しておくこと、そして退職時には退職届を提出させることによって、退職に至る経緯を詳しく説明することができる確固たる証拠となる。丁寧な準備こそ、最強の防御となるのである。

退職勧奨面談に臨む前の準備事項

では実際、問題社員を前にどのような形で退職勧奨をおこなえばよいのか。事前準備も含め、進め方を具体的に説明していこう。

（1）退職勧奨したい問題社員の身辺について細かく情報収集するとともに、情報共有しておく

人事資料を参照することはもちろん、直属上司や同僚社員、部下などにもヒアリングし、退職勧奨したい社員についてあらかじめ調査しておくことで、その後の交渉をスムースに進めることができる。

具体的には「家族構成」「配偶者は働いているか否か」「子どもの有無と年齢」「持ち家か賃貸か」「住宅ローンの残高」「要介護の親族の有無」「職場での評価」「これまでの人事評価資料」「懲罰実績」など、可能な限りの情報を集め、資料としてまとめておこう。これらの情報の存在によって面談時の主導権を握ることができるうえ、仮に対象社員が反論

してきたとしても、具体的な根拠をあげて説得できるというメリットがある。

同時に、当該社員に対して退職勧奨をする方針である旨を関係者間で共有し、理解を求めておこう。会社一丸となって対応することにより、退職勧奨が経営者個人の意向ではなく、会社としての総意であることを問題社員に対して示すことができるのだ。

（2）「退職パッケージ」を用意しておく

単に退職を要求するだけでは受け入れられることが困難でも、相応の補償を用意しておくことで交渉がスムースに進む傾向がある。具体的には、通常の退職金に加えて「特別退職金」や「慰労金」という名目で追加で支払う退職金（勤続年数×1ヶ月分の給与、最低でも半年分保証、など）、「有給休暇買取」、「指定退職日から半年間は在籍扱いされる権利」、「再就職支援サービスの紹介」などがあげられる。これらの支援が多ければ多いほど「労働者の自由な意思に基づいてなされたもの」と判断されやすくなる。

（3）会社側出席者に、対象者と異性のメンバーを1名同席させる

1対1の面談では、後々「言った／言わない」のトラブルや、ハラスメント的な発言や行動が「あった／なかった」の争いになるリスクがある。また相手側の感情的・衝動的な行動を抑制させるためにも、面談の場に当事者以外の第三者が存在することの効用は大きい。したがって、会社側の面談出席者に、退職勧奨対象者と異性のメンバーを同席させることをお勧めする。同席者には様子を観察し、議事録をとっておいてもらおう。第三者の目があることで、「あまりみっともない行動はできない」という意識が生まれ、余計なトラブルを防止する効果が見込めるのだ。

（4）絶対に「クビ」「解雇」との言葉は使わず、あくまで社員本人の意思で退職する前提を通す

退職勧奨の目的は「問題社員が自主的に、自己都合退職すること」であり、間違っても「問題社員を会社都合でクビにすること」ではない。面談の場で一言でも「クビ」や「解雇」の二文字を出してしまうと、これまでの周到な準備が全て水の泡となってしまうので重々

留意されたい。具体的には、「あなたの社内でのポジションが無くなる」「社外でチャンスを探してみてはどうか」などの表現をし、業績や態度が芳しくないという事実に気付かせ、本人から「辞めます」との言葉が出るまで多角的に刺激を与えるイメージで進めていくべきである。

退職勧奨面談の具体的な進め方と話し方の例

ここまでの周到な準備をおこなったうえで面談に臨めば、問題社員が打ち出してくるさまざまな「辞めない理由」を即座に打ち返すことができるはずだ。あとは、このような形で面談を進めていけばよいだろう。

（1）資料を揃え、対象社員を会議室など個室に呼び出す

事前準備段階で用意していた、問題社員にまつわるヒアリング情報やこれまでの人事評価資料、懲罰実績などをまとめた資料をあらかじめ揃えておき、対象社員を個室に呼ぶ。

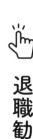

衆人環視の状況ではハラスメントとなるリスクがあるため、静かに話ができる会議室などが望ましい。

（2）対象社員に退職を求めたいという意向を伝える

結論として「退職してほしい」という趣旨の話をするのだが、いきなり退職の話を切り出してしまうと収拾がつかなくなるリスクもある。したがって、多少回りくどくはなるが、「対象社員の問題行動に対して再三の指導をしても改まらなかったため、会社としては残念だが退職を勧める」という形をとると自然になる。具体的には次のような流れになるだろう。

「対象社員には多くの問題行動がみられた」
←
「これまで再三にわたって指導し、改善を求めてきた」
←
「しかし、残念ながら改善がなされなかった」

←「あなたと当社は合っていない（ミスマッチ）のではないか」
←「社外で、もっと合う会社を見つけたほうがよいのではないか」
←「会社として、あなたに退職してもらいたいと考えているので、合意してほしい」

（3）退職勧奨の具体的な進め方

〈切り出し方〉

「これまで○○さんの勤務態度／業績については、上司の◇◇さんから何度も指導がなされ、改善するようにお願いをしてきました」

〈問題行動の例示〉

「●年●月に顧客対応でトラブルになった際は、△△というお話をしましたが、その後も同様のトラブルがあったため、◆月に注意指導書が交付されています」

「●年●月に▼▼さんとのやりとりでトラブルになった際は、●●という形でお願いしましたが、その後△△さんと同様のトラブルが起きたため、◇月に警告書が交付されています」

「これまで〇〇さんには■回の指導記録があり、□回の注意指導と◆回の警告がなされ、その度に改善をお願いしてきました。しかし今般、また同様の問題を起こされました」


〈雇用継続努力の説明〉


「会社としては極力、〇〇さんに対して拙速な処分はおこなわず、『改善する』との言葉を信じて機会を提供してきました」

「〇〇さんのご意向を尊重し、顧客との接点がない●●部への異動も実施し、業務内容を変えて臨んでいただきましたが、残念ながらそれでもトラブルが起きてしまいました」

「〇〇さんには教育研修機会／猶予期間を設定し、その後の改善の様子を拝見していましたが、残念ながら改善が見られず、◆ヶ月にわたって業績が回復することはありませんでした」

〈**退職を勧奨する**〉

「○○さんについてどう処遇すべきか、他にお任せできる仕事がないか、等について社内で何度も話し合いました」

「結果として、現時点で○○さんにはこの会社でお任せできる仕事がないという結論になりました」

「私たちは、○○さんにはこの会社や仕事が合っていないと考えています。そのため会社としては、○○さんに退職していただき、社外での機会を得ていただきたいと考えています」

〈**（用意できれば）メリットとなる条件を提示する**〉

「今回退職を決意いただければ、●ヶ月分の割増退職金をお支払いする用意があります」

「○○さんには退職届をご提出いただきますが、離職票では『会社都合退職』扱いとすることで、雇用保険を最短でも90日間、最長で３３０日間受給することが可能になります」

「自主退職に合意いただければ、本来であれば『懲戒解雇処分相当』であったところを『自己都合退職』として、懲戒なしの扱いとし、離職票にもそのように明記することとします」

〈回答の期限を伝え、検討を促す〉

「もちろん、すぐに返答を求めているわけではありません。ご家族にも相談しなければならないでしょう。来週の●日にまた面談を設定しますので、それまでにお考えになってください」

このような形で、問題行動については詳細に例示し、会社としてもその度ごとに指導や注意をおこないつつ、何度も改善のチャンスを提供してきたこと、しかし問題が改善されなかったことを冷静に伝える。注意点として、退職勧奨の場では本人を非難したり批判したりするのではなく、あくまで「本人と会社、及び業務内容がフィットしていなかった」「ミスマッチであるから今後のキャリアを考えてみてはどうか」というスタンスで話すことがポイントとなる。

また仮に、今すぐにでも去ってほしい問題社員相手だとしても、退職勧奨を受け入れるか否かの回答を面談の場ですぐに求めることは、あまりよい印象が残らないので避けるべきである。対象社員に家族がいる場合は相談も必要であるため、会社側から退職を求める意向を伝えた後は、改めて面談日程を設定し、それまでに回答するよう促せばよいだろう。

（4）問題社員からの反論や質問に対応する

退職勧奨の対象となった社員からは、会社側から伝えられた勧奨理由や問題行動に対して反論がなされたり、逆に会社側の問題点を指摘されたりすることが考えられる。その際は、前項で準備しておいた問題社員のヒアリング情報や人事評価資料、懲罰実績などの資料をもとに、冷静に対応していけばよい。具体的には、次のようなやりとりが考えられる。

- **「要するに、クビということか」**

↓「会社として、あなたにお任せできるお仕事がないことを申し上げた次第です。この機会に社外での機会を検討いただきたいのです」

- **「なぜ私なのか。他にも問題のある者はいるじゃないか」**

↓「そういう方には、これから会社としても、きちんと対応させていただきます」

・**「何でもやるから、この会社にいさせてほしい」**

↓「残念ながらそうした仕事はないのです。社内での機会に関しては、会社側でも充分検討いたしました」

・**「家のローンがまだ残っている」**

↓「皆さん、さまざまなご事情を抱えています。しかし、今の会社に留まることで解決になるとは言えないことを申し上げざるを得ません。むしろ、今回の機会を活かしていただきたいのです」

・**「マスコミへリークする」「労基署に駆け込む」「裁判に訴える」**

↓「会社としては労働基準監督署にも相談したうえで、合法的に進めています。マスコミに持ち込まれても、会社の決定は何ら変わるものではないことをご理解ください」

（労働基準監督署への相談について詳しくは、P.236からの「労働基準監督署、及び法律専門家と良好な関係を築いておこう」参照）

仮に対象社員が挑発的なことを言ってきたとしても、あくまで冷静に対応したい。問題社員側がやりとりを録音している可能性があり、会社側に高圧的な発言があった場合、後々裁判沙汰となった際に会社側に不利な証拠として提出されてしまうリスクがあるためだ。「言った／言わない」といったトラブルにならないためにも、やりとりは会社側でも録音しておくことをお勧めする。

また、退職に応じない様子を見せたとしても、決して「自主退職に応じないなら解雇だ」などとペナルティをちらつかせるべきではない。会社として「なぜあなたに退職してほしいと考えているのか」といった理由や、「今自主退職を決意することで享受できるメリット」について説明することに重点を置くとよいだろう。

（5）退職届を提出させる

問題社員が退職勧奨を受け入れる意向を示した場合は、具体的な退社日や金銭面の処遇を決めていく。条件がまとまった際は必ず、対象社員側から退職届を提出させなければならない。これは、当該社員が退職勧奨に応じて退職を承諾したこと（＝解雇ではないこと）

を示す重要な書類であるため、絶対に忘れてはいけない要点である（詳しくは、P.178からの「問題社員が自ら『辞める』と言ってきた場合の対処法と最後のツメ」参照）。

充分な準備をおこなわず、拙速な退職勧奨によってトラブルに発展した事例

本章冒頭で、必要な準備を怠り、拙速に退職勧奨をおこなったり、強制的に退職を強要したことでトラブルとなり、結果的に退職勧奨が無効になったりした事例を1つご覧いただいた。相手が問題社員であっても、必要な手順を踏まず、然るべきサポートを放棄して退職勧奨をやってしまうと違法になってしまうのだ。他にも事例をご覧いただくとともに、冒頭事例も含めて共通する要素から注意点を探っていこう。

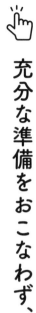

CASE 05

市立高等学校Y市のケース（最一小判 昭55・7・10）

Y市立高等学校の教諭Bは、「退職勧奨には応じない」と一貫して表明していたにもかかわらず、Y市職員から執拗に退職を勧奨された。BはY市と教育長・同次長に、「違法な退職勧奨により被った精神的な損害」として各50万円を賠償するよう請求した。地裁、高裁ともにBの請求を認容したが、Y市側は上告。裁判は最高裁までもつれ込んだが、最高裁は上告を棄却し、Y市に損害賠償を命じた。

裁判においては、「退職勧奨は自発的に退職するよう説得する行為であって、勧奨される者は自由にその意思を決定し得る」「勧奨される者の任意の意思形成を妨げ、あるいは名誉感情を害する勧奨行為は、違法な権利侵害として不法行為を構成する場合がある」としたうえで、「本件の退職勧奨は多数回かつ長期にわたる執拗なものであり、許容される限界を超えている。また従来と異なり年度を越えて勧奨がおこなわれ、『退職するまで続ける』と述べて、Bに『際限なく勧奨が続くのではないか』との心理的圧迫を加えたものであって許されない」と判断された。

退職勧奨自体は合法であるが、本ケースのように繰り返し執拗になされ、半ば退職を強要するようなやり方は違法となり、実行者は損害賠償責任を負うことになるので留意が必要である。

CASE 06

私立大学T大学のケース（東京地判 平15・7・15）

T大学の助教授であったCは、過去4度にわたって主任教授選考に応募したが、いずれも最終選考に残ることができず、Cの1年後輩であった教授Dが主任教授に就任した。Dは主任教授就任直後の職員会議において「スタッフの大改造を考えており、定年まで留まる必要はないから、自覚のある者は身の振り方を考えるべき」という趣旨の書面を配布。Cはこの文書の対象は自分のことだと認識した。その後もDは忘年会の席上で「スタッフの中にお荷物的存在の者がいる」「死に体で残り生き恥をさらすより英断を願う」という内容の書面を配布するとともに、同様の内容のスピーチもおこなった。これについてはCのみならず、臨席した学長や他の教授も「対象者はCである」と察し、学長は後日、Dに対して注意をおこなった。

Cはその後「職場ハラスメント」を退職理由として自主退職したが、「名誉を毀損する退職強要があり、労働契約上の債務不履行（職場環境整備義務違反）または不法行為に当たる」として、退職強要により受給できなかった企業年金や退職金、慰謝料などを求める裁判を提起した。

結果、裁判では「衆人環視の下でことさらに侮辱的な表現を用いて名誉を毀損する態様の行為は許容される限界を逸脱したもの」であり、「精神的苦痛を与えるだけでなく評価を下げ得るもので、多大な損害を与え得る違法性の高い行為である」として、不法行為による損害賠償義務が認められ、Dと大学に対して合計450万円を支払わせる判決を出した。

これらの事例のように、原則として

- 執拗で、繰り返しおこなわれる半強制的な退職の勧めは違法
- 退職「勧奨」の域を超える退職「強要」（ことさらに侮蔑的な表現を用いる、懲戒処分をちらつかせる、など）は違法
- 退職の勧めを拒否した者に対する不利益な措置（優遇措置の不提供、配置転換、懲戒処分、不昇給）は違法

となるので、実施の際には充分な留意が必要である。「原則として」と付記したのは、対象となる労働者や使用者側の事情によっては、不利益な措置が違法とならない場合があるためだが、あくまで程度の問題だ。必要以上に強要する形とならないようにしなければならない。

STEP 8

太陽方式

ここまで、法律論を前提として、現行法に触れない範囲での対処法についてご説明差し上げた。いかに現在の法律や判例が労働者寄りであり、正規雇用者への保護が手厚く、たとえ問題社員といえどもクビにするのが困難なことか、重々おわかりいただけたことであろう。

現行法に即した形で、合法的におこなえる問題社員排除の方法としては退職勧奨が確実だ。しかし、なかにはこのような事態に陥ってしまうケースもある。

「問題社員を合法的にクビにするのはこんなに難しいのか……。退職勧奨のための準備にも時間がかかるようだし、もう裁判沙汰になるのを覚悟してクビを切るしかない……」

「周到に準備して退職勧奨に臨んだが、問題社員に強固に拒否されてしまった……。これ以上勧奨すると強要だと言われてしまう……。どうしたらいいのか……」

そんな場合でもご安心いただきたい。クビだと一切言わず、法律にも触れず、準備に少々手間がかかる退職勧奨をおこなわなくとも、問題社員が自ら「辞めます」と宣言してあなたの会社から去ってくれる、とっておきの方法があるのだ。それこそが**太陽方式**、「**徹底的改善指導」である**。問題社員を辞めさせるのではなく、まさに文字どおり「頑張って貢献してもらえるように熱心に指導する」方法であり、問題社員に対して積極的に関与し、至らない点について熱くポジティブに指導し、彼らを励まし、勇気づけていくというやり方なのだ。

「とんでもない！　問題社員に払う給料さえ惜しいのに！」「一刻も早く去ってもらいたいのに、何を言っているのか!?」と困惑されていることと思われるが、ご安心いただきたい。実際この方法によって、問題社員にまつわるトラブルが高い確率で解決できている。また、退職後にユニオンや弁護士に駆け込まれるリスクを低減できるという計り知れないメリットもあるのだ。

たとえば、プライドが高く、あくまで会社を困らせてやろうという悪意を持って騒いでいる問題社員であれば、会社や経営者が彼らの思いどおりに逆上も混乱もせず、むしろ自分を変えようと働きかけることに対して大いに煩わしさを感じ、忌々《いまいま》しく思うことだろう。またこのタイプには、そもそもまともに働く意思がなく、単に楽をしたいだけという考えの人も多い。あなたが粘り強く指導し続ければ、彼らは真面目に仕事に取り組まなければならないことへの面倒臭さから、自らの意思で会社を去るはずだ。当然、あなたは何ら違法なことも、ハラスメント行為もしていないので、彼らが揚げ足をとることは不可能である。

一方で、特段悪意があるわけではなく、単純に本人の考えや意識が足りないタイプの問題社員であった場合でも効果はある。もしかしたら「こんな自分でも会社は一生懸命にサポートしてくれた！」と意気に感じ、本当に気持ちを改めて貢献できる社員へと大変革してくれるかもしれない。少なくとも、余計なトラブルが拡大することにはならないだろう。

具体的な手順としては次のとおり。前段部分は退職勧奨と同様、「棚卸し」と「振り返り」だ。

（1）棚卸し

問題社員の担当業務を紙に書き出させるなどし、いかほどの難易度のタスクをどれだけ抱えているのか、客観的にわかるように棚卸しさせる。

（2）振り返り

労働契約書、職務記述書、目標設定シート、定期面談記録などの書面と照合し、本人が設定した目標や、会社と合意した期待業績等と比して、実際の結果が見合うものであったかどうか、また同部署の他メンバーと比較してどの程度の位置にあるのか、振り返らせる。

（3）指摘

振り返り結果をもとに、期待値に対する本人の行動や結果が足りていない点を具体的に指摘。指摘内容は追って文書等でも交付するとともに、改善を要求する。

ここまでは一般的な退職勧奨の流れと同様だが、ここからが違うところだ。退職勧奨の場合、問題社員の至らない点を具体的な根拠とともに本人に知らしめ、厳しいフィードバックとともに自主退職を勧めることになる。一方でこちらの「徹底的改善指導」はその真逆。当該問題社員を雇用し続けていくという大前提に立ち、その存在を大切なものとして受け入れ、改善を願って積極的に関与し、熱くポジティブに指導を継続していくのである。

ここで重要なのは、決してそれらのポジティブなニュアンスが皮肉っぽく見えないようにすることだ。いくら今すぐ辞めてほしい問題社員相手であっても、心底からその社員の更生と改善を願い、本腰を入れて徹底的に向き合っていかねばならない。

(4) 徹底指導

(3)で指摘した要件について、できている点については認めることが必要だ。そのうえで、「●●については改善されて良くなってきたな！　ウチで働くには、仲間と協力することが大事なんだ！」といった具合に、会社が望む人物像や要素を伝えながら、密なコミュニケーションをとっていく。経営者や上長のスケジュール次第ではあるが、少なくとも週に1度のペースで個別ミーティングの時間を確保し、思いを伝え続けていくことが望ましい。これはおこなう側にとっても相応の労力と精神力が必要であるから、上長1人で抱えるのではなく、他のメンバーにも協力を仰ぐことが必要だ。

その際の注意点として、決して問題社員から「パワハラだ！」と指摘されないように留意しなければならない。「会社側が故意に劣悪な環境にした！」と言われたら、取り組み自体が台無しになってしまうからだ。そもそもこのアクションは、問題社員の至らない点に対して「ちゃんと仕事をしてくれ」と要求するという、会社として至極当然のことをやっているだけである。あくまで終始徹底して「本人のためを思った熱心な指導」と捉えられることが肝要だ。

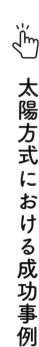

太陽方式における成功事例

(1) 中堅不動産会社Y社のケース

Y社社長のAは、父親から会社を引き継いだ2代目。先代社長の頃からY社に勤めている古参社員Bはほぼ年功によって管理職に就いていたものの、地位と給与に見合った働きはできていなかった。ただ古参であるというプライドは高く、声も大きいので、Bに対して表立って異論を唱えられる者はおらず、一部社員からは不満が感じられた。またA社長に対しても、表面的には服従しているものの、内心では若造扱いしている様子であった。

Aはこの機に社風の変革を志し、Bに対しても変革を求めた。あらかじめ職位ごとに「求める主任像」「求める課長像」といった形で期待する人物像や役割を定義しておき、Bの担当業務を書き出させたうえで面談を実施。「求める管理職像と比して、現在のBの働きがいかほど不足しているか」「給与に見合った働きができていない。この差をどう埋めていくか」といった形で、あくまで冷静に、不足している心構えや行動について明示して改善を求めた。

週1回のペースで面談を継続したが、その際も決して叱咤したりなじったりはせず、「Bさんの長年の経験と知見には大変期待している」「いい会社にしていきたいから力添えしてほしい」と伝えつつ、一方で足りない点についての改善は都度要請し、次回面談で進捗状況を細かく確認。次回面談までにどのように改善していくかBに宣言させる形で地道に面談していった。結果的にBは改善要求に応えられず、自主退職した。

（2）中堅飲食チェーンH社のケース

H社の主力店舗で長年パートとして勤めていた古参スタッフCは、社員として配属されてくる誰よりも経験豊富で年齢も上であるため仕事はできるが、社員や他スタッフを軽んじるところがあった。Cには、気に入らないスタッフに対して返事もせず挨拶も返さない、店に関して気付いた不満点やネガティブな文句をすぐ口にする、などの行動が見られ、同僚は皆やりにくさを感じており、多くのスタッフから「Cを辞めさせてほしい」との訴えがなされていた。

「Cは問題社員だ」と聞かされて同店舗に異動してきた店長Dは、Cの行動や言動を観察する中で「本人なりの働きに対して、充分な承認がなされないことへの不満」を感じ取った。DはCに対しても他スタッフと同様に接し、返事がなくとも積極的に挨拶をするなどのコミュニケーションをとり続けた。Cが口にする不満や文句に対しても、それが本当に改善を必要とするものであれば「改善点に気付けた」として承認し、実際に変えられるところから変えていった。DはCに対して「あなたは視点が鋭いんだから」と積極的に評価し、新商品発売準備など注意力が求められるプロジェクトを任せるなどの対応をおこなったところ、職場内でCの居場所が生まれ、承認欲求が満たされることによってCの対人姿勢も穏やかなものへと変化していった。結果的にCは周囲ともコミュニケーションをとるように変化し、リーダーの役割を任されることとなった。

問題社員のタイプ別、徹底指導時の関わり方

〈指導担当者の心得〉

「自分の機嫌は自分でとる」という言葉がある。特に問題社員を相手にする場合、指導担当者はこの言葉を心に刻み、くれぐれも心に余裕をもって臨まなければならない。おそらくこれまでの問題社員の言動は、指導担当者であるあなたにとって理解の範疇《はんちゅう》を超え、怒りさえ抱くレベルのものだろう。しかし、その気持ちを相手にそのままぶつけてしまっては、これまでの周到な用意が水の泡だ。

　あなたからは至らない点が多々ある問題社員に見えるだろうが、まずはこの徹底指導期間中だけでも、関わるメンバー全員で、問題社員の短所も含めて「その人らしさを良しとする」「できない人がいるからこそ、輝ける人が生まれる」と考えてみてほしい。そのうえで、「相手は乳幼児のごとく、あなたの意思では容易にコントロールできない存在である」というくらいの前提から始めてみよう。しかも相手は、あなたやあなたが信頼するメンバーが「採用する」と一度は決めた人だ。まずは期間限定でよいので、「相手に何があっ

ても受け入れる」と心に決め、「ともにメンバーとなってくれた大切な人」であり、「あなたがどう捉えようとも、我々はあなたのことを大切に思っている」という気持ちを相手に伝えるところから始めることをお勧めする。その意思が伝われば、そもそも相手も無理に気を張る必要がなくなり、素直な本音を聞かせてくれるかもしれない。

さらに加えるならば、相対する問題社員に対して「こちらはやさしくしてあげている」「これだけ配慮してやっているのに……」といった感情が伝わってしまうと逆効果になる。純粋に「大切なメンバーなのだから、サポートすることなど当たり前だ」という心底からの思いが必要である。

〈無口で、他メンバーとあまり関わりを持ちたがらない社員の場合〉

あなたから挨拶や声がけを率先しておこなう。当該社員の普段の働きをよく観察し、貢献している部分については具体的にとり上げ、感謝の気持ちを伝える。

〈チームワークを取りたがらず、勝手な行動が目立つ社員の場合〉

チームワークが必要なプロジェクトのメンバーに加え、些細なことでも当該社員にプロジェクトの一翼を担わせる。少しでもプロジェクトにとってプラスの行動や言動があれば、メンバーから感謝の気持ちを伝えるとともに、当該社員の働きに対して喜ぶ姿勢を見せる。

〈文句ばかりでネガティブな姿勢の社員の場合〉

文句＝ネガティブと捉えてしまうことは自然だが、逆に考えれば「他のメンバーが気付かない細かい点に気付ける」「改善点を見つけられる」という長所であるとも言える。当該社員に対しては「独自の視点を持っている」と、まずはポジティブに評価し、「気付かないところに気付いてくれてありがとう」と感謝してみる。そうすれば、普段は周囲から避けられているであろう職場に当該社員の居場所が生まれ、「周到な準備が必要な仕事」「注意力が必要なタスク」などを積極的に割り振ることで、当該社員が活躍できる場ができる可能性がある。

〈自意識過剰で他者を軽んじる社員の場合〉

「自分は頑張っているのに認められない」「自分のほうが仕事ができるはずなのに、●●より職位が低い」といった不満があることが考えられるので、まずは各人が自負している点については承認して、組織に必要な存在である旨を伝える。そのうえで組織における役割分担を説き、「リーダーはリーダーなりの特性と役割がある」「リーダーだから万能というわけではないので、○○さんこそフォローしてあげてほしい」「いろいろ意見があるということは、それだけ会社のために誰よりも考えてくれているということだろう」「組織として、できない人に揃えないといけない面もある」といった形で伝えていくとよい。

〈問題社員が起こしたミスや不手際にイライラする、周囲メンバーに対するフォロー〉

「その人らしさを良しとする」「できない人がいるからこそ、輝ける人が生まれる」という前提条件のもと、「**ミスを起こした本人の問題にしない風土**」をこの機に実現させたい。実際、個人を責めたところで次から不手際がなくなるかといえば疑問である。具体的には、ミスやクレームが発生した際には、「こんなミスが発生した。今後同様のミスを発生させないようにするためにはどうしたらよいか？」「こんな状況の中でこんなクレームが発生した。このときの客側の気持ちはどのようなものか？」「なぜクレームに至ったのか？」「今後同様のクレームを発生させないようにするためにはどうしたらよいか？」といった形で、定例ミーティングの議題として話し合ったり、メンバーへの宿題として考えさせる、といった方法がお勧めである。そうすれば、おのずと「トラブル発生の根本原因」や「クレーム時の客の気持ち」に議論の焦点が当たり、トラブルの原因が取り除かれる展開となったり、トラブル時に全員が対応できるノウハウが共有されたり、客の気持ちでクレームを捉えられるようになり恐れることもなくなる、という展開が期待できる。結果的に、「○○のせいで……」といった個人攻撃にもならない、というわけだ。

また、人事考課における評価項目の中に「周囲のメンバーをサポートする」「他メンバーのミスに対して積極的にフォローする」といった要素を設けて積極的に評価することで、自然と思いやりのある組織になっていくという効果も期待できる。もちろん、ミスした本人の問題もあるが、ミスが発生し得ることが想定されていながら、そのリスクをヘッジしていない組織にも問題はあるはずだ。ミスを発生させない仕組みに加えて、ミスが発生したとしても迅速にフォローし、被害を最小限に留める仕組みもメンバー発信で実現できればよいだろう。

周囲から疎まれるような問題行動や言動を呈する者がいた場合、即座に問題社員だとレッテルを貼って排除に動きたくなるお気持ちはよくわかる。しかし、根からの悪意でそのような行動をしている者は一部であり、往々にして「本当は認めてほしいのに、上司や周囲は自分のことを気にかけてくれない……」といった理由で文句を言ったり、不満分子になったりしてしまうことも多い。そういった真意を伝えることができればよいが、気持ちをうまく言葉に表せない不器用な者が、つい意地の悪い行動に出てしまうというケースはよくあるものだ。そうしてお互いにわかり合えないまま、不幸なミスマッチが起きてしまうのである。

〈問題社員の問題行動に対してつい怒りたくなってしまう場合の対処法〉

問題社員がやらかしたミスや問題行動に対して、つい声を荒げてしまいたくなるお気持ちはよくわかるが、怒って無理矢理行動を矯正させることは本来のゴールではないはずだ。目指すべきは、同じミスを繰り返さないようになってもらうこと、そして引き続き組織に貢献したいという気持ちを持ってもらうことであろう。

そこで、あなたがつい「何をやってるんだ!?」「ふざけるな！」などと怒りの一言を放ちたくなった際には一歩踏み止まり、「なぜそんな気持ちになってしまったのか？」と振り返っていただきたいのだ。大抵は、怒りの感情を引き起こすきっかけとなった「源感情」が存在するはずである。

・「何をやってるんだ!?」
↓ **「そのやり方でうまくいくのか、私には心配だ」**

・「またミスしたのか！　ふざけるな！」
↓ **「今回はしっかりやってくれるはずだと期待していたから、残念な気持ちになった」**

・「この前の話を聞いてなかったのか!?　いい加減にしろ！」
↓ **「前回繰り返し『頼むぞ！』と依頼していたことが軽視されたようで、大いに寂しい気持ちになった」**

このように、怒りから生まれる強い調子の言葉よりも、相手の言動によって生まれた「源感情」をそのままの言葉で、あなた自身の気持ちを主語にして伝えるほうがより効果的である。却って、相手の主体性を引き出し、前向きな行動改善につながることになるだろう。

経営側として人を雇用するうえでまず心得ておきたいことは、**相手がどんな人物であっても積極的な（できれば、恋愛感情と同程度の）関心を持つこと。**そうすれば自然と、「どうすれば仲良くなれるだろう……」「どうすればこちらに興味関心を持ってくれるだろう……」「どうすれば楽しいと感じてもらえるだろう……」と意識して考えるようになるはずだ。当然、こちら側から積極的に挨拶をしたり、挨拶の後にちょっと一言加えて会話しようとしたりするくらいは工夫するであろう。それくらいの関わり方を意識し、少しずつ実践するところから始めてみることをお勧めしたい。

また、問題社員以外の全メンバーに対しても共通することであるが、「**自分の仕事が誰かの役に立っている**」「**自分が必要とされている**」**と気付かせる機会を極力多く設けることができれば理想的だ。**実践は簡単である。仕事を任せてやり遂げてくれる度に、「◎◎してくれてありがとう」「◎◎してくれて嬉しかった」と具体的に伝えるのだ。彼らが普段当たり前にやっていることが、周囲の誰かの役に立っていて、それが感謝されるという状態を顕在化させれば、たとえ任せている仕事が単純作業でもルーティンワークでも「やりがい」を感じられるきっかけとなるはずだ。「あいつはお荷物な存在だ」という前提で捉えるから、問題行動が目に付いてしまう……というケースもあり得る。メンバーは皆仲間という前提に立ち、どうしたら皆が心地よく働ける環境になるか、ネガティブな要素を一つずつ解消していこうではないか。

指導が「パワハラ」にならないようにするために

「パワハラ防止法」施行に伴い、厚生労働省が「パワハラに該当すると考えられる例／該当しないと考えられる例」について具体的なケースを示しているので、当該事例を参考に問題社員への対処や声がけを工夫するとよいだろう。特に留意すべき点は次のとおりである。

〈脅迫・名誉棄損・侮辱・ひどい暴言（精神的な攻撃）〉

＊パワハラに該当すると考えられるケース

・人格を否定するような発言
・必要以上に長時間にわたる厳しい叱責を繰り返しおこなう
・他者の面前において大声で威圧的な叱責を繰り返しおこなう
・相手の能力を否定し、罵倒するような内容の電子メール等を当該相手を含む複数宛先に送信する

＊パワハラに該当しないと考えられるケース

・遅刻や服装の乱れなど社会的ルールやマナーを欠いた言動が見られ、再三注意してもそれが改善されない労働者に対して強く注意する
・業務内容や性質等に照らして重大な問題行動をとった労働者に対して、強く注意する

↓したがって、指導の際には決して感情的にならず、「あなたの行動は●●という点において問題だったから改善してほしい」「あなたにはリーダーとしての活躍を期待しているので、■■の面については積極的な行動を望んでいる」といった具合に、ポジティブな表現を心がけるとよいだろう。

〈隔離・仲間外し・無視（人間関係からの切り離し）〉

＊パワハラに該当すると考えられるケース

・自身の意に沿わない労働者に対して、仕事を外し、長期間にわたり、別室に隔離したり、自宅研修をさせたりする
・一人の労働者に対して同僚が集団で無視をし、職場で孤立させる

＊パワハラに該当しないと考えられるケース

・新規採用した労働者を育成するために短期間集中的に個室で研修等の教育を実施する
・処分を受けた労働者に対し、通常の業務に復帰させる前に、個室で必要な研修を受けさせる

↓したがって、指導時は決して問題社員を隔離したり孤立させたりすることなく、あくまで研修指導であるという前提で取り扱うことが重要である。

〈業務上明らかに不要なことや遂行不可能なことの強制、仕事の妨害（過大な要求）〉

＊パワハラに該当すると考えられるケース

・長期間にわたる、肉体的苦痛を伴う過酷な環境下で、勤務に直接関係のない作業を命ずる
・新卒採用者に対し、必要な教育をおこなわないまま到底対応できないレベルの業績目標を課し、達成できなかったことに対し厳しく叱責する
・業務とは関係のない私的な雑用の処理を強制的におこなわせる

＊パワハラに該当しないと考えられるケース

・労働者を育成するために、現状よりも少し高いレベルの業務を任せる
・業務の繁忙期に、業務上の必要性から、当該業務の担当者に通常時よりも一定程度多い業務の処理を任せる

↓問題社員への指導は徹底的かつ熱心なものであるべきだが、かといって客観的にこなせない分量やレベルの課題を与えてはならない。問題社員と同程度の職位、等級、給与水準の他社員に水準を合わせて、同等か少し高いレベルを設定すればよいだろう。

〈業務上の合理性なく能力や経験とかけ離れた程度の低い仕事を命じることや仕事を与えないこと（過小な要求）〉

＊パワハラに該当すると考えられるケース

・管理職の労働者を退職させるため、誰でも遂行可能な平易な業務をおこなわせる
・気に入らない労働者に対して、嫌がらせのために仕事を与えない

＊パワハラに該当しないと考えられるケース

・経営上の理由により、一時的に、能力に見合わない簡易な業務に就かせる
・労働者の能力に応じて、業務内容や業務量を軽減する

→問題社員への指導といえども、必要以上にレベルを下げてしまったり、同等の職位の他社員と比して明らかに少ない分量に調整したりしてしまうと、却ってハラスメント扱いされてしまうリスクがある。バランスを考慮すべきである。

〈私的なことに過度に立ち入ること（個の侵害）〉

＊パワハラに該当すると考えられるケース

- 労働者を職場外でも継続的に監視したり、私物の写真撮影をしたりする
- 労働者の性的指向・性自認や病歴、不妊治療等の機微な個人情報について、当該労働者の了解を得ずに他の労働者に暴露する

＊パワハラに該当しないと考えられるケース

- 労働者への配慮を目的として、労働者の家族の状況等についてヒアリングをおこなう

・労働者の了解を得て、当該労働者の性的指向・性自認や病歴、不妊治療等の機微な個人情報について、必要な範囲で人事労務部門の担当者に伝達し、配慮を促す

↓問題社員への個別フォローは実施するものの、継続的な監視をおこなうわけではない旨を事前に共有しておくとよいだろう。また指導にあたって、問題社員自身のライフプランやキャリアプランをヒアリングする機会があるだろうが、これはあくまで本人へのサポート目的であるからハラスメントには当たらない。「お子さんが受験生ならいというなら、これくらいの収入が必要で、そのためには●等級くらいにはなっておかないと」といった具合に、アドバイスに活用しよう。

/ローン返済のためにも、安定した収入が必要だろう」「年1回は海外旅行に行きた

このように、相手への要求水準は高すぎても低すぎてもハラスメントになり得るし、些細な一言がハラスメントと捉えられる可能性もあり得る。あくまで「前向きな指導目的」という方向性が共有されていることが重要なのだ。

必要以上に法律を意識して委縮し、何も言えなくなってしまうのであれば本末転倒だ。

法律を把握しておくことは必要だが、あえて法律論で対処しようとするのではなく、本来の仕事のあるべき姿にフォーカスし、経営者はドンと構えて「当社の社員とはどうあるべきか」と本音でズバズバ（「お前はクビだ！」「今すぐ辞めろ！」以外を）言えることが本来望ましいはずである。

そしてもし万が一、この太陽方式を用いても問題社員が辞めてくれない場合は、もう致し方ない。今度は、経営者であるあなた自身が労働基準監督署に駆け込む番だ。問題社員に真摯に向き合い、丁寧な対応を積み重ねてきた会社としての姿勢の一部始終を労基署に共有して解雇方針について相談しよう。通常、問題社員にそこまで向き合おうとする会社は皆無であるから、労基署としても事態を重く見て、問題社員の普通解雇に対して理解を示すはずだ。そうすればお墨付きを得た形で、堂々と解雇すればよいのである。

問題社員が自ら「辞める」と言ってきた場合の対処法と最後のツメ

退職勧奨にせよ太陽方式にせよ、会社からクビと言わずに問題社員が自ら「辞める」という意思を引き出すことが最終目標である。よって、本人が辞めるという発言なり意思表示をおこなった際、それを確固たる証拠として保持することが重要になる。逆に、喜びのあまり冷静さを失って、あなたが「お？　辞めるのか!?　じゃあ辞めろ辞めろ！」などとうっかり口走ってしまうと、悪意ある相手の場合その言葉尻を捉えて「不当解雇だ！」と騒ぎだすかもしれないし、「辞める」と宣言して次の日から出社しなかったことを放置してしまうと、後日「実は辞めたくなかったのに、会社から嫌がらせをされた」などと言い出しかねないのだ。

本人が辞める意思を口頭で伝えたとしても、後々それが「自己都合か会社都合か不当解雇か」と争いの元になる可能性もある。仮に裁判になったとしても対処できるよう、口頭の申し入れだけで了承せずに、必ず退職願を書かせて提出させ、本人の意思で辞めたことが形として残るようにするのが重要である。また、何らかの条件に合意したうえでの退職であれば、その旨が明記された退職合意書を双方作成し、退職金などを支払ったのであればその受領書も提出させることが必要だ。それらの書類を揃えておくことで、問題社員が後日会社を訴えることが困難となり、また仮に訴えられたとしても、社員が同意したうえでの退職であることを証明しやすくなる。

<退職合意書のテンプレート>

○○株式会社（以下「甲」という）と従業員△△（以下「乙」という）とは、甲乙間の雇用契約を解約すること（以下「本件」という）に関し、次のとおり合意した。

第1条　甲と乙は、当事者間の雇用契約を○年○月○日（以下「退職日」という）限り、合意解約する。

第2条　甲は、乙に対して、退職金として金○○円を支払うものとし、これを○年○月○日限り、乙の指定する銀行口座に振込む方法により支払うものとする（振込手数料は甲の負担とする）。

第3条　甲と乙は、本件に関し、雇用保険の離職証明書の離職事由については、会社都合の扱いで処理するものとする。

第4条　甲は、本件の合意解約日現在、乙が有する年次有給休暇が残存する場合、給与として乙に1ヵ月に支払われる金額を1ヵ月の平均労働日数で割って求めた額を第2条の銀行口座に振込む方法により支払うものとする（振込手数料は甲の負担とする）。

第5条　合意解約日以降、甲の施設内に乙の私有物がある場合、乙は甲にその処分を委任する。

第6条　乙は、在籍中に従事した業務において知り得た甲が秘密として管理している技術上・営業上の情報について、退職後においても、これを他に開示・漏洩したり、自ら使用しないことを誓約する。

第7条　乙は、退職後○年間は、甲と競業する企業に就職したり、役員に就任するなど直接・間接を問わず関与したり、又は競業する企業を自ら開業したり等、一切しないことを誓約する。

第8条　甲と乙は、本件に関し、本合意書に定めるほか、何らの債権債務がないことを相互に確認し、今後一切の異議申し立て、または請求等の手続き（あっせん申し立て、仲裁申し立て、調停・訴訟手続き等の一切）を行わない。

第９条　甲と乙は、本件ならびに本退職合意書の成立及び内容を第三者に開示しないものとし、甲は、今後乙に不利益となる情報を開示せず、第三者から乙の退職に関して問われた場合には、円満退職したことのみ告げるものとする。

以上を証するため、本書２通を作成し、各自署名押印のうえ、その１通を保有する。

以上

年　　月　　日

（甲）　〇〇県〇〇市〇〇町〇〇丁目〇〇番〇〇号
〇〇株式会社
代表取締役　〇〇　〇〇　　　印

（乙）　〇〇県〇〇市〇〇町〇〇丁目〇〇番〇〇号
〇〇　〇〇　　　印

コラム 適法とされた、日本ＩＢＭの退職勧奨事例

よく、「外資系企業ではアッサリとクビになる」などと言われる。しかし外資系企業といえども、日本国内で営業している限りは日本の労働基準法が適用されるはずだ。ではなぜ彼らがクビにできるのかというと、先述のように、彼らの言う「クビ」はいわば「非常に強力な退職勧奨をおこなう」ということと同義であり、解雇という形式ではなく、従業員との交渉によって「なんとしてでも退職の合意を取り付ける」という「合意退職」に持っていくやり方なのである。

そして、そこには綿密に練られた仕組みと布石がある。それによって、仮に裁判に持ち込まれても負けない形になっているのだ。実際、アメリカのコンピュータ関連企業ＩＢＭの日本法人である日本ＩＢＭが２００８年に実施したリストラで、「退職を執拗に迫られた」として社員が同社を訴えた裁判があったが、東京地裁では「違法性はない」と判断されている。

日本IBM（退職勧奨）事件（東京地判 平23・12・28）
退職勧奨の対象となった社員が消極的意思を表明した場合でも、具体的かつ丁寧に説明・説得活動等をおこなって再検討を求めること等は、社会通念上相当な態様である限り許容される。

日本の労働法では労働者を保護するため、退職勧奨については「労働者の自由な意思に基づいてなされたもの」かどうかを客観的な状況から判断し、有効か無効かが決まる傾向がある。特に、一度に大人数を対象とした退職合意をとる場合は、次の3点について留意すべきである。

(1) 情報提供姿勢

現在の会社の経営状態（売上、人件費、資金繰り等）を具体的にかつ事実に基づいて説明したかどうかが重要になる。あいまいな情報、もしくは事実に反する内容を説明した場合は、退職合意書にサインしても、労働者の自由な意思に基づいたものではないと判断される可能性がある。そのためには、事務的な文書を交付するのみならず、説明会を実施したり、対面で説明をおこなったりしたうえで、説明資料もあわせて渡すくらいの対応は必要である。

（2）時間的猶予

従業員に対して説明をおこなった後、その場で即時サインを求めたのか、一度持ち帰って検討してもらったのか等、どの程度検討時間を与えたかどうかが重要となる。当然ながら、数日間程度の猶予があるほうが「労働者の自由な意思に基づいてなされた」決断であると判断されやすくなる。

（3）金銭支出

通常の退職金のみならず、特別協力金や慰労金、有給休暇買取りといった名目により、退職の際に追加して支払う金銭が多ければ多いほど「労働者の自由な意思に基づいてなされたもの」と判断されやすくなる。

これらに加え、日本IBMは次のような運用も行っていた。

(i)「職種別採用」をおこない、「職務給」で運用する

これは、日本式の「総合職採用」をおこない、「職能給」で運用するのとは真逆のやり方だ。すなわち、採用時に業務内容を明示し、「この仕事ができる能力を持っている人を採用する」として、業績に応じた待遇と、諸条件などを細かく書面化して説明し、合意をとっておくのだ。そのうえで「能力が足りなかった」という判断となれば、問題になりにくい。

(ii)充分な「支援プログラム」と「退職パッケージ」を準備する

対象者に対して何のサポートもない状態での退職勧奨は「強要」と判断される可能性があるが、「業績が芳しくないこの状況のままでは問題がある」と説明責任を果たし、「改善するための再教育プログラム」等が存在し、それを受ける機会があれば、企業側として「回避努力」をしたことになるのだ。こ

れは、「割増退職金」や「再就職支援」といった退職支援プログラムを会社側が用意することでも同様の判断となる。

(ⅲ)説明責任を果たす

先述の(ⅰ)(ⅱ)といった諸制度、諸条件が揃ったうえで、対象社員に対して説明がなされれば問題ない。具体的には、「会社の経営環境」「当該社員の業績」「当該業績が、所属部署や他メンバーに与える影響」「在籍し続ける場合のデメリット」(引き続きプレッシャーが与えられるぞ、など)「退職する場合のメリット」(今なら充実した退職者支援を受けられるぞ、など)といった情報を伝え、一定の検討期間を設けて意思確認をする、という手続きを踏むことである。

すなわち、会社としてこのような仕組みがあれば、たとえ執拗な退職勧奨をおこなったとしても、違法とはなりにくいのだ。判断材料となるのは「どこまで会社が退職回避策を講じていたか」という事実次第なのである。それさえあれば、会社側が執拗に退職を迫ったとしても、「がんばって解雇を回避した」し、「正当な退職勧奨の一環」であり、「解雇は根拠のある正当なものだ」と主張できるのだ。

日本IBMは2004年、人事業績評価制度として、従業員個人の目標管理型業務評価制度「PBC」を導入した。これは、業績貢献度合に応じて評価を5段階に設定し、ボーナス額や昇給額決定の指標とするものであった。同社は2008年、この評価で下位評価となった1500人を対象にリストラを断行し、利益を死守することができたのである。

リストラの面談担当となった各部門長宛に配布されたマニュアルには、退職勧奨の指針として次の2点が掲げられていた。

1つは、「あなたの能力と会社の現状を考慮すると、現組織において職務継続はできない」という厳しい現実を指摘すること。もう1つは、今後の転職や身の振り方の相談には親身に接し、「良き理解者」という関係を築き、相手の立場に立ってメッセージを伝えるべきと指示されている。その前提で、「お前の籍はもうない」「辞めなければ地方転勤させる」といった脅迫的な言動は

ＮＧ。あくまで丁寧に説明を尽くし、充分に傾聴し、相手を導き、激励することが求められている。

さらに当該マニュアルでは、退職勧奨対象者の性格をタイプ別に類型化し、大まかな対応方針を示している。たとえば、プライドが高いタイプの相手には「客観的事実を示し、周囲からの目線を気にさせる」。怒り、泣き、愚痴など感情を表に出すタイプなら「相手が落ち着くまでしっかり話を聴いて受容する姿勢を示す」。「何でもやります」と泣きつくタイプは「気持ちは受け止めつつ、その可能性がない旨を冷静に指摘する」。そして沈黙するタイプなら「不明な点は質問を促し、期限を切って考えさせる」など、さまざまな戦略が用意されていることが見て取れる。

同社の場合、会社側はあらかじめ「たとえ負け筋であっても裁判へと進展することに対して何ら躊躇《ちゅうちょ》せず、徹底的に争う」との姿勢を示しているため、退職勧奨の段階でスムースに事が運びやすくなるという効果もあるようだ。なお、面談時に「今後、やりがいのある仕事を提供してもらえそうもない」「これまでの貢献について、感謝の気持ちを会社が示してくれた」「今後、これだけの割増賃金はないだろうと判断した」といった気持ちになると、対象者は退職勧奨に応じることが多いようである。

第3章

【予防編】トラブルになる前に心がけておきたい、効果的予防法

ここからは、問題社員の被害に遭わないための実践的ノウハウをお伝えしていこう。

何といっても、最大の防御策となるのは「予防」である。すなわち、問題社員を会社に入れないことだ。そのために必要なのは、あなたの会社が「いい会社」となり、魅力に惹かれた多くの優秀な人材があなたの会社に殺到することである。

具体的には、労働環境を良好にし、法律を遵守し、儲かる事業をやり、充分な利益を確保し、払うべき賃金はきっちり払い、どこからも後ろ指を指されないフェアな経営と労務管理をおこなうことだ。そうすれば、これまでのような「募集広告にとりあえず集まった中から、相対比較でマシな人を採る」状態から脱却し、「全国から結集した優秀人材の中から、さらに上澄みの最優秀層を厳選して採用する」ことができるようになる。

すなわち、あえて問題社員（及び、将来的にそうなるかもしれない怪しい人材）を、リスクを負ってまで採用する必要は全くなくなる。もちろん、これは問題社員の被害に遭わないことだけが目的というわけではなく、「企業経営として理想的な状態を実現すること」でもあり、それによって次のような成果を得られるという大きなメリットも存在するのだ。

・ワーク・ライフ・バランスが充実し、従業員が心身ともに健康な生活を送れるようになる
・ノー残業が定着し、育児や介護などフルタイム労働が困難な事情がある人を含め、多様な人材が活躍できるようになる
・結果として、サービス品質の向上につながる
・優秀な人材が全国から集まり、定着する
←
顧客や地域社会から信頼され、応援される

「仕事の四象限」というものがある。「重要度」「緊急度」で仕事を分類した際、どうしても後回しになってしまうのが「重要だが緊急ではない」領域なのだが、まさに「良好な労働環境を構築する」ことはこの領域に入る。平和で何事もトラブルが起きていないときこそ予防策を講じるのに適しているし、優先度が低いため多くの企業では策を講じていないから、少し注力するだけでも差がつきやすい領域なのだ。

では、どんなことをやるべきなのか紹介していこう。

今すぐ、採用と面接を見直そう

いくら就業規則を完璧に整えたところで、問題社員はどうしても入り込んでくる可能性がある。水際で侵入を止めるためにまず企業側で対処できるのは「採用を見直し、問題社員には一切敷居をまたがせない」ということだ。幸い、企業側には採用・不採用の自由がある。

（1）「不採用基準」を決める

「ウチらみたいな人手不足の業種で、いろいろ選り好みしてたら採用なんてできない！」というご意見はごもっともなのだが、それで採用基準を緩くして問題社員が入り込んでしまっては、後から苦労することになる。それより、入口段階で多少遠回りをしても、後々の手離れが良くなるほうが望ましいのだ。

応募希望者をどのような点で加点評価するかは各企業の自由だし、「最終的に迷ったら人柄で決める」といった判断もそれぞれで良いが、逆に「この点が合致しなければ、いくら優秀で素晴らしい実績を持った応募者で『もったいない……』と感じたとしても不採用にする」という「不採用基準」を明確にしておくことが望ましい。たとえば、他が満点でも「書類提出期限に遅れたり、面接に連絡なしで5分以上遅刻したりしたらNG」「入社後1年未満での自己都合退職はNG」「転職理由に不満要素があってもよいが、それが全て他責の場合はNG」……など。

どのような基準を設定するかは各企業及び経営者の考えが反映されることになるが、「スキルよりも企業風土とのマッチを重視」という前提で考えればよいだろう。そして誰が面接するとしても、例のように「5分」「1年」など客観的に判断できるようにリスト化しておき、その基準からブレずに判断していけば採用ミスは低減するはずである。

（2）退職理由が自社でクリアになるか確認する

「退職理由がネガティブなのはけしからん！」と考える向きもあるようだが、自ら選んで入った会社を辞めるというからには、何かしらのネガティブ要因はあるものだ。それ自体は仕方ないこととして、「ネガティブ要因が、転職先の自社において解決できるのか？」という点については確認しておきたい。

たとえば、「給与額」が不満で退職をした者の給与水準を確認し、自社でもさほど変わらないレベルの待遇しか提示できないならその旨を確認すべきであるし、それでも強くあなたの会社を希望するなら、それは不自然と考えるべきである。同じことは「業務内容」にも、「転勤の有無」にも、「キャリアアップ／スキルアップの可能性」についても言えるだろう。

（3）虚偽申告がないか確認する

面接で応募者が語る経歴や実績などは簡単に「盛れ」てしまう。実際はリーダーをやっていなくても「リーダーでした！」と自称することはできるし、新サービスの立ち上げに関わるチームに一時期身を置いていただけでも「あのサービスは自分が立ち上げました！」くらいは言えてしまうものだ。また前職を辞めた理由についても、本人は「キャリアアップのため」と説明するかもしれないが、実際は問題行動による「懲戒解雇」かもしれない。そのようなタイプの応募者は、入社後も平然と嘘をつき、周囲との信頼関係を毀《き》損し、職場に不信感を蔓延させる元凶となり得る。採用段階でキッチリと見極め、排除しておく必要があるのだ。

まず、後者について確認するのは比較的容易だ。採用時に、退職理由も明記されている「退職証明書」を提出してもらい、本人の申告とそこに書かれていることが合致しているかチェックすればよい。退職理由を掲載しないように本人から前職企業に要求することもできるが、それは逆に怪しさが増すだけであるし、そもそも退職証明書の取得自体を躊躇するような場合は、何かしらのトラブルがあった可能性が考えられるというわけだ。

そして前者の確認に際しては、採用面接時に「**構造化面接法**」を用い、応募者には「STAR」と呼ばれる手法をとることを勧める（詳細は次項目を参照）。抽象的な質問に終始するのではなく、具体的なエピソードを掘り下げて聞き出し、応募者が事実を話しているかどうかを確認する手法である。これは問題社員の排除のみならず、面接官による評価のバラつきを無くし、優秀な人材を取り逃がさないようにできる効果もあり、採用確度が飛躍的に高まる理想的な方法なのだ。

そして就業規則が重要だというのは、この段階でも関係してくる。「経歴を偽って採用された場合」に懲戒対象となっているかどうかを確認しておいていただきたいのだ。規則が整備されていれば、入口段階で悪意ある者を排除することができるし、嘘を言ってでも採用されようとする者は、やはり入社後も嘘をつき、何かしらの問題を起こす可能性が高いからである。

(4)「構造化面接」で優秀でない人材を見極める

「構造化」というと何やらややこしそうだが、ご安心いただきたい。やり方自体は極めて単純だ。「あらかじめ評価基準と質問項目を詳細に決めておき、その手順どおりに実施する」だけである。それによって、誰が面接官を務めても評価が安定しやすくなるのだ。具体的には、「行動面接」と「状況面接」の組み合わせで見極める。

「行動面接」とは、応募者の過去の行動や、そのときの考えについて質問をすることで、その人の性格や価値観を深く掘り下げていくという面接手法である。一般的な面接では、「あなたがこれまでの仕事で最も苦労した経験はどのようなものですか」「あなたが学生時代に力を入れて取り組んだことは何ですか」といった形で、まず大枠のテーマを設定して質問していく。その際に

応募者「●●の活動にサブリーダーとして参画しました。大変でしたが、周囲のサポートもあって達成でき、いい経験になりました」

面接官「ほう、サブリーダーとはすごいですね。わかりました。では次に……」

といった形で、相手の言い分をそのまま鵜呑みにして進めてしまうケースがしばしばみられる。特に応募者の学歴が高かったり、大手有名企業出身だったりするとその割合がさらに高まるのだが、これでは全く意味がない。相手の回答はあくまでスタート地点として、そこからさらに踏み込んで、応募者の過去の行動と、その際の考えにまつわる、かなり細かい部分にまで及ぶ具体的かつ多角的な質問を繰り出していく必要があるのだ。

行動面接では質問の流れとして、「当時の状況」（Situation）、「そのとき抱えていた課題」（Task）、「その際にとった行動」（Action）、「最終的に得られた成果」（Result）、という順に確認していくので、これらのアルファベットの頭文字をとって「STAR面接」とも呼ばれている。

「複数の選択肢があった中で、最終的にそのやり方に決めた理由は？」「あなたの方針に乗り気ではないメンバーに対して、どのようにして納得してもらった？」といった形で突っ込んだ質問がなされるため、慣れない人にとっては「圧迫面接なのでは!?」と感じられるかもしれないが、この方法によって、応募者が「どんな状況で、どのような課題意識を持つ思考パターンを持っているのか」「どんな動機をもとに、どのような行動をとるタイプか」などを、事実に基づいて把握できる。したがって、いわゆる「話を盛る」方法が通用せず、応募者の能力や志向性、誠実さなどを、ある程度的確に測ることができる手法として重宝されているのだ。

＜行動面接（STAR 面接）における質問の流れ＞

Situation（環境や背景）	Task（課題や任務）	Action（本人の行動）	Result（結果と再現性）
●きっかけは何？ ●目的・目標は？ ●目標の高さは？ ●チーム構成は？（何人くらいで、どんな人がいた？） ●周囲の意見はどうだった？	●チームの中での自分の役割、ミッションは？ ●自分は何をすべきだったか？ ●課題や問題は？ ●工夫すべき点や狙いは？	●具体的にどんな行動をとったか？ ●なぜそう考えた？ ●周囲への影響、あるいは周囲からの意見は？ ●次に何をしたか？ ●どう工夫したか？	●その結果は？ ●プロセスにおいての改善点は？ ●学んだことは？ ●反省点は？ ●他にも同様な能力を発揮した場面はあるか？

＜行動面接（STAR 面接）における質問項目例＞

・これまで力を入れて取り組んだこと / 業務上の実績は？
・それをやることになったきっかけや動機は？
・開始時点での目標は？（いつまでに / 何を / どうしたい等）
・目標達成のためにどんな行動をとっていた？
・行動していく中で気付いた課題や、直面した困難な状況はどのようなもの？
・その課題や困難な状況が発生していた原因は？
・それをどのように解決しようと考えた？
・課題や困難解決のため、具体的にどんな行動をとった？
・周囲の非協力的な人や行動しないメンバーに対してどのように働きかけた？
・結果として、課題や困難はどのような形で解決した？
・当初の目標に対してどれくらい達成できた？／変化度合を数値化すると？
・一連の経験を通して、あなたは何を学んだ？／以前と比べてどんな点が成長した？
・その経験によって得た強みや学びを、その他の場面で活かせた / 応用できた事例は？

採用選考では往々にして「何か希少ですごい経験実績を持っている人材」＝「優秀」と認識されがちで、選考側もつい先入観で高評価をつけてしまうものだが、自己申告された経験実績だけで判断するべきではない。応募者の具体的な思考と行動について深く掘り下げた質問をおこない、次のような「思考パターン」「行動パターン」を確認してから評価すればよいだろう。

〈評価すべき「思考パターン」「行動パターン」〉

- 主体的に目標設定をし、計画を立てて行動できている
- 物事の根本的な課題にアプローチし、その解決を目指して行動している
- 困難な状況の中でも、自分なりに工夫・努力をして乗り越えている
- 周囲の人にも働きかけながら、協働して目標達成をしている
- 判断や行動を振り返り、至らない点は反省し、経験から学ぶことができる

そして「状況面接」とは、「もし、〇〇な状況にあったらどうしますか？」という具合に、面接官側で設定した架空の状況に対して、どのように考え、行動するのかを答えてもらうものだ。行動面接同様、具体的に掘り下げて確認していくことにより本音を引き出し、応募者の本質を知ることができる。

一方で、よくやりがちで効果がない面接の質問に「想定質問」と「誘導質問」があるので留意されたい。「想定質問」とは、「会社説明会の印象はいかがでしたか」とか「5年後のキャリアプランは？」といった、応募者が事前に想定し、適切な回答を準備できる類の質問である。入念に準備をしてくることは良いとしても、結果的に表面的な「もっともらしい」回答しか引き出せず、応募者の真意や本当の意思が見えづらくなってしまう。「誘導質問」は、企業側の期待している答えが見え透いてしまう質問のことだ。「繁忙期は土日出勤もありますが大丈夫ですか」「転勤は可能ですか」といった質問は、「土日出勤してほしい」「転勤してほしい」という企業の思惑が伝わってしまう。そのため、とにかく入社することをゴールに考えている応募者は、本心では嫌な気持ちを持っていても「はい、大丈夫です！」と答えてしまうだろう。その結果、採用後に「実は〇〇はやりたくなかった」とミスマッチが生じてしまうこともあり得る。とにかく、本音を引き出し、公平に見極める面接であるべきなのだ。

（5）個人名でネット検索する

そもそも数十分から1時間程度の面接で、応募者の全てがわかるはずないのだ。適法な範囲で、使えるリソースは全て用いて情報収集し、多角的に判断することをお勧めしたい。インターネットにおける応募者名の検索は最低ラインであろう。面接では人当たりがよく、経歴的にも問題ないと全員一致で判断された人物が、念のためということでネット検索してみたところ、業務上横領で有罪判決を受けていた人物であったことが判明したり、SNS上で差別的・偏見的な投稿を繰り返していたことが明らかになったりするなど、この段階で見極められたケースは枚挙に暇がない。

（6）正式内定前に現場の社員とカジュアルに会う機会を設ける

採用担当者だけの判断では難しいケースもあるため、応募者が入社後現場のメンバーとうまくやっていくことができるのか、実際に会う機会を設けて判断することもお勧めである。その際はかしこまった選考の場というより、ランチ等をともにし、極力普段の様子が垣間見える雰囲気であることが望ましい。その際、採用担当者は表に出ずに様子を観察し、後程参加メンバーから感触をヒアリングすることで、応募者のある程度の人柄などを把握することができるはずだ。

（7）面接以外の場面での振舞いや様子を観察する

面接時のマナーについては応募者も準備し配慮して臨むため、ソツなくこなせる者が多いはずだ。見極めるなら、面接時点以外の普段の行動を観察すべきである。

＜応募書類の好ましくない例＞

- 書類がしわくちゃ
- 字が汚い、乱雑
- 省略して記入
- 誤字、脱字、変換ミス
- 修正液の使用
- フリクションペンの使用
- 印鑑の押し忘れ
- 写真貼付忘れ
- 写真貼付位置のズレ
- 紙の汚れ
- 空欄や余白が多い
- 提出期限遅れ

＜来社時の好ましくない振舞い＞

- 服装がヨレヨレ、服や靴、持ち物が汚れている、髪がボサボサ、爪が長いままなど、全体的に清潔感がない
- 目を見て話さない
- 社員以外の関係者（受付、清掃員、警備員、出入業者、店員など）へ横柄な態度をとる
- 社員へはやたら愛想がよく、必要以上に持ち上げたり歓心を得ようとしたりする
- 突っ込んだ質問や指摘、意見に対して途端に不機嫌な反応をする

求人広告にも長らく反応がない中、やっと応募してくれた貴重な人材に対しては、つい採用基準が甘くなってしまうものである。ここまで厳しく見極めてふるい落とすことに対して抵抗感を持つこともあるだろう。しかし、甘い基準で招き入れた人物が問題社員だっ

た場合、彼らの存在は職場の雰囲気を悪化させ、人間関係を破壊し、対応を誤れば訴訟問題にも発展し、企業の業績や評判を一気に悪化させてしまう多大なリスク要因になるのだ。そもそも問題社員となり得る人物は採用しないという前提で、まずは入社前時点で確固たる対策を講じておくべきである。

繰り返しになるが、「どんなことをしたら懲戒になるのか」という基準は就業規則に規定しておかないと処分ができないので、考え得るケースを幅広く盛り込んで管理をしておく必要がある。規定しておくべき処分の種類と、各処分に該当する問題行動の例については巻末付録に示しているのでご参照されたい。

（8）リファレンスチェックをおこなう

「リファレンスチェック」とは、応募者の以前の上司や同僚に対して、応募者の経歴や人柄を問い合わせることを指す。確認する内容としては、在職時の仕事内容や成果、勤務態度、退職理由などが一般的だ。

意外に思われるかもしれないが、入社後何らかの問題を起こす社員の多くは、面接での好感度が得てして高いものである。彼らは面接の場で「何でもやります」「御社の商品には強い思い入れがあって……」とアピールするが、入社後、成果も上げないうちに豹変し、「この会社はおかしい！」と社内攪《かく》乱を始める。まさに「腐ったミカン」という言葉が示すとおり、問題となる社員は、仕事ができない理由を会社や上司など周囲の環境のせいにし、まともな社員をネガティブな感情で巻き込んでいくのだ。

もちろん、どんな環境であっても仕事を進めていくうえで不満な要素の一つや二つはあるものだ。しかし問題社員はそれを自らの内に留め置くことなく、周囲の社員に「この会社の○○はおかしい！　普通は……」「君たちも疑問に思うべきだ」などと日常的に不満を漏らし、不安感をまき散らすことが問題だ。問題社員はどこへ行っても同様の問題を起こしている。解雇が難しい以上、前勤務先への問い合わせはリスクヘッジとしても欠かせないし、そのような問い合わせを受けた側の企業も、ありのままを伝えたほうが被害会社を増やさないであろう。

テレワークやオンライン化をきっかけに、マネジメントのありかたを見直す

全世界を襲った新型コロナウイルスは、ウイルス自体の病魔に加え、経済的な打撃も含む激甚な被害をもたらした天災であった。その反面で我々に資すると考えられる点をあげるなら、図らずも全国一斉に「強制的テレワークお試し期間」が生まれ、ウイルス対策を大義名分として、業務のＩＴ化やクラウド化など、これまでのやり方を大きく変革せざるを得なかったことであろう。この好機をうまく活かせたか否かが、今後のアフターコロナの世界で生き残れる企業かどうかを決すると言っても過言ではない。

「会社や客先に移動するための、金銭的＆時間的コストを削減できる」「事務所の家賃や光

熱費も削減できる」「そこで生まれたリソースを本業で収益獲得する方面に回せる」「通勤ラッシュから解放され、従業員のワーク・ライフ・バランスにも好影響」……テレワークのメリットはすでに語り尽くされているが、これらよりも見えにくく、かつ今後の事業発展の面からも意義深い要素がある。それは「災害時でも事業を継続しやすくなる」ことと、「人材を確保しやすくなる」ことだ。

前者は文字どおり、地震や台風など天災に見舞われやすいわが国において、出社困難な状況であっても安定的に業務を遂行できることはそれだけでアドバンテージになり得る。企業間でのビジネスにおいても、取引先選定のうえで大切な要素であろう。

また、これからの会社選びの判断基準において「多様な働き方が選択できること」は、人材確保面において優位に働く。実際、「働き方の柔軟性は、業種や雇用形態にかかわらず仕事の満足度を高める」とのエビデンスも存在しており、複数企業から声がかかるような優秀人材を迎え入れたい企業にとっては他社との差別化要因となるだろう。

それればかりでなく、子育てや親の介護、病気やケガといったさまざまな事情によってこれまで「制約のある社員」扱いだった人が、場所や時間に関係なく働けるようになることで大きな戦力になることが期待できるし、「地方の無名企業だから……」といった理由で採用に苦労していた企業が、在住地に関係なく採用できるようになることもメリットと言えよう。

さらには、常々従業員満足度が低く、それによって生産性が低くなっていたような企業であっても、働き方の柔軟性を高める施策によって仕事満足度を高めていくことができ得る。テレワークによる「働き方の多様化」は、特に地方の中小企業など「立地」や「知名度」でデメリットを被っていた企業にとっては一発逆転の機会にもなり得るのだ。

そんなメリットの大きいテレワークであるが、実際にやり始めてみた企業の経営者や管理職から訴えが多かったのが「テレワークではうまく部下を管理できない」「サボる者が出るのではないか」「メンバーとのコミュニケーションがうまくとれない」といった人的マネジメントに関するものであった。しかし、うまくいかない理由をテレワークのせいにしようとする彼らに対し、筆者は決まってこのように回答していた。

「**うまく回っていないのは、テレワークやオンライン化のせいじゃないですよ。会社に元からあった問題が、テレワークをきっかけに顕在化したというだけです**」。

どういうことなのか、寄せられた相談に個別回答する形で説明していこう。

「テレワークではサボるのではないか？」

↓サボる人は出勤していようが、リモートワークであろうがサボる。「サボっているかどうか」という仕事の「プロセス」部分ばかりを気にするあまり、本来重視すべき仕事の「成果」の定義があいまいになってしまい、測定や評価ができていないのではないか。また、成果を出すことについて社員への動機付けや督励がないのではないか。サボっていても成果を出せていれば問題ないし、サボらず真面目に勤務時間をいっぱいまで使って仕事に精を出しても、最終的に成果を出せないならばそれは問題であるはず。「社員を信頼していない」と公言しているようなものだ。

「うまく部下を管理できない」

↓「管理」ではなく「監視」をして安心したいだけではないのか。個々の社員の目標と進捗を把握し、目標達成に向けて現在の課題を洗い出し、その解決を上司がサポートすること――すなわち、部下が成果を出しやすい環境を整備することが本来の管理であるはずだ。オンラインでも問題なくできるが、普段からそういった管理をやっていない職場では当然実現不可能である。

「**コミュニケーションがうまくとれない**」「**オンライン会議では何も決まらない**」

↓テレワークやオンラインだからうまくいかない、ということなどなく、そういう会社は普段からコミュニケーションがうまくとれておらず、何も決まらない会議をしているのだ。

実際、今般のコロナ禍以前からテレワークや在宅勤務を実施し、すでに定着している会社において、社内コミュニケーションで共通しているのは「**心理的安全性**」である。すなわち、「どんな意見を出そうが、それによって非難されることはなく、安心して発言・提案できる雰囲気」が担保されているということだ。具体的には……

- 「察してもらう」「気付いてもらう」ことを期待せず、自分から積極的に発信、共有、報告する
- 発信に対しては必ず、かつ早くレスポンスを返す

・情報の透明性を保つためにDM（1対1の直接のやりとり）はせず、全てオープンの場で会話する
・わからないことがあれば遠慮なく、どんどん確認する
・悪いニュースでも積極的に開示する

といったことが奨励され、全員で共有・実践する文化が定着している。たしかにこのような状態が常であれば、たとえお互いに顔が見えないオンラインのやりとりであっても、安心して仕事を進めることができそうだ。大切なことは、オンラインであろうがリアルであろうが同じなのである。

会議も同様。オンライン会議がうまく機能していない場合、「既存の会議をそのままのスケジュールで単にオンライン化しただけ」というケースが多い。しかし、なんでもかんでもオンラインに移行する前に、一歩踏み止まって「そもそもその会議は必要なのか？」と考えるステップが必要だろう。そのうえで、会議の進め方自体もこの機に効率化すればよい。たとえば……

・そもそも「情報共有のための会議」はしない

↓情報共有だけならメール配布で充分。会議資料は事前に参加者に共有し、各自内容を確認したうえで自身の意見を持って集まり、会議中は「決める」ことに集中する

・時間制限を厳密におこなう

↓15分単位で設定。議題ごとに時間を区切って決断し、手短に済ませる

・アクションプランを具体的に策定する

↓「誰が」「いつまでに」「何をやるか」を明確に決定し、報告責任も定めたうえで終了

このあたりの議論はテレワークのみならず、「働き方改革」にまつわる取り組みでも全く同じことが言える。「残業削減！」と言いながら、業務量や目標が全く変わらないまま、単なる「時短ハラスメント」になってしまっている職場や、「時代はHRTechだ！」との掛け声だけで本質的な課題に向き合わないまま、さまざまなツールを導入しただけで終わってしまっている会社のようなものだ。

業務効率化を目指すのであれば、既存業務のタスクを全て洗い出し、業務遂行においてボトルネックになっている要素を発見し、改善・解決しなければならない。それはもしかしたら、「自動化できる業務を手作業でおこなっている」とか「非効率なマニュアルが見直されないまま継承されている」、「低コストで機械化／効率化できるサービスがあるのに、社内の誰もその存在を知らない」……といったことかもしれない。

個人の価値観も多様化している現代においては、時代に即した「新たなマネジメントスキル」が必要と言えよう。筆者は講演などで、主に次のような変化をお伝えしている。

・「時間的な制約がないメンバー」はもういない

↓今や半数以上の世帯が共働き家庭であり、残業を忌避する傾向も強くなっている。一部の「仕事を振りやすい部下」だけに甘えて、彼らの残業だけに頼るのは怠慢でしかない。残業自体をなくせる仕組みを組織ぐるみで構築していくべきである。さらには、高齢化の進展によって家族に要介護者を抱える世帯も増えつつある。休業と復職タイミングがある程度事前に把握できる出産・育児とは異なり、介護の場合はいつ介護状態が始まり、またいつ終了するかは全く不透明だ。今第一線で活躍し、頼っているエース級社員がいつ家族に要介護者を抱えるかわからないし、会社が介護と仕事を両立できる仕組みを整えておかなければ、優秀社員をみすみす介護離職させてしまうかもしれない。業務効率化と仕事の属人化は徹底的に排除しておかねばならないのだ。

・「ムダな仕事を止める」判断を下す必要あり

↓ムダな仕事によって発生している「余計な手間」、「残業」、「従業員の疲弊」、「メンタル疾患」、「家庭不和」は全てリスク要因である。業務改善のアイデアがあったとしても、現場からボトムアップで提案すると「そんなことより○○が優先だ！」「楽／手抜きしようとするな！」などと潰されることも多い。こういったテーマこそマネジメントの立場から「ムダな仕事は止めろ！」と鶴の一声を上げる必要がある。

具体的には、部下の「タスク」だけではなく、「タスクごとの時間」を管理させることである。まずは、部下が現在「どれくらいの難易度の」「いつまでが納期の」「いかほどの量の」タスクを抱えているのか、逐次把握しておくべきであり、日々の業務スケジュールは「事前予定」だけでなく「事後の振り返りと改善対策」までを確認すべきなのだ。そのうえで、事前に立てた予定から実際の業務時間に乖離が出たのであれば、その原因を潰し、次回から余計な時間がかからないように改善する、といった地道な対応が必要になる。

さらに上司に求められる心構えとしては、「自分の指示が残業を生み出している」と自覚することであろう。たとえば、外部に公開するわけでもない組織内会議用のデータや資料に必要以上の精度を求めなければ、その分部下の業務時間を確保できるわけだし、自身のＩＴスキルの低さ、指示のあいまいさ、決断の先延ばし、保身などといった理由のために、部下の貴重な時間を奪うべきではないのだ。

・「多様性」「柔軟さ」こそ真の報酬

↓今や、若手社員が組織に求める優先順位は「出世」や「給料」よりも、「自由な時間」「ライフイベントに合わせた多様で柔軟な働き方ができる環境」のほうが高い。多様性を受け入れられる組織こそ魅力的だと捉えられているため、「頑張れば出世できるぞ！」と尻を叩いても彼らのモチベーションは上がらない。マネジメント層ほど認識を改める必要があるだろう。

・「ワーク・ライフ・バランス」を率先垂範

↓各自のワーク・ライフ・バランスが尊重される組織は魅力的に映るが、掛け声だけで実際はワーク重視の組織も多い。上司の顔色をうかがわなければならないのであれば意味がない。実際にワーク・ライフ・バランスが実現できている組織は、これまで述べてきた業務効率化などを実現したうえで、管理監督者自身が魅力的なライフプランを持ち、自己研鑽《さん》に励み、仕事を早く終わらせ率先して早帰りするといった形でワーク・ライフ・バランス実践者のロールモデルとなっている。

また、日々の部下への声がけのやり方にも変化が求められるだろう。たとえばこれまで、「長時間かけていい仕事をした人」に対して「よく頑張った!」「いい出来だ!」などと褒めていた人は、それを見聞きした部下に「この上司のもとでは、残業してやる気を見せないといけない」というメッセージを示してしまうことになる。これからは「クオリティは素晴らしいが、いったい何時間かけてやった?」「次はこのレベルの仕事が○時間でできるようになったら一人前だな!」といった声がけにすることで、部署全体に「より短い時間で成果を出す」意識が芽生えることになるだろう。

これらを実現するためには、上司が仕事の「見える化」＆「言える化」を率先しておこなうことが有効だ。仕事の「見える化」とは、その名のとおり組織内の業務をリストアップし、ムダ取りするものを仕分け、対策内容を具体的に検討して実行することである。特に「わざわざ」「いちいち」「結局」「いつも」「毎度」やっていることを選別し、必要性を検討したり自動化を決断したりするのは「トップダウン」でしかできないと言っていいだろう。

そして仕事の「言える化」とは、メンバーの本音を聞き出し、言い合える関係を作り、問題点や解決策を共有・対処できるようにすることである。「報連相」という言葉はよく聞かれるが、実は意味が誤解されて伝わっているのだ。これは部下に「報連相しろよ！」とやらせるものではなく、「部下から報連相しやすい環境を上司が整備する」という心構えを説いたものである。ここでもまた「心理的安全性」が重要ということだ。

またこの機会に属人化も解消できればよいだろう。特に有効な手段は次のようなものだ。

・「一業務複数担当制」で情報共有&協力

↓ひとつの業務に「メイン担当」と「サブ担当」をつけ、2人で情報共有&協力。どちらかが休んでも業務が止まることなく、ミスや不正も起きにくくなる

・業務マニュアル作成&タスク棚卸し

↓各個人が担当する業務をマニュアルに落とし込む過程でタスクを棚卸しし、タスクの要/不要を見直す。マニュアル化によって誰でも当該業務を担当できるようになる

このような形で、いつ何が起きても、客先に迷惑をかけない体制を日頃から構築しておくことが重要である。

今般のテレワークで大変な思いをした会社は、それを「単なる災難」と見て旧来のやり方に戻ってしまうのか、もしくは「働き方や仕事の進め方の本質と向き合う好機」と捉え、改善を進めていくのか。幸い、テクノロジーはすでに揃っている。誰もが経験したことの

ないアフターコロナの世界において理想的な働く環境を実現するために、経営者の覚悟と、それを支える全ての働く人の行動が求められていると言えよう。

「ハラスメント」と言われない組織内コミュニケーションを実践する

職場内でのハラスメントに対する社会的な認識は年々高まっている。「これまでは当たり前の指導だと思っていたが、パワハラ事件として報道されたケースと似ていたため、自分もパワハラ被害に遭っていたことに気付いた」という若手社員からの相談もあれば、「以前にはなかったパワハラの相談を多数受け、ハラスメントに関する社内マニュアルを改訂したが、『ハラスメントの定義が細かすぎる。これでは指導さえできない』と管理職が困惑している」といった人事部門の声もある。

ちなみに厚生労働省では、職場でのパワハラをこのように定義している。

「職場のパワーハラスメントとは、同じ職場で働く者に対して、職務上の地位や人間関係などの職場内の優位性（※）を背景に、業務の適正な範囲を超えて、精神的・身体的苦痛を与える又は職場環境を悪化させる行為をいう。※上司から部下に行われるものだけでなく、先輩・後輩間や同僚間、さらには部下から上司に対して様々な優位性を背景に行われるものも含まれる。」

出典：「職場のいじめ・嫌がらせ問題に関する円卓会議ワーキング・グループ報告について」（２０１２年）（厚生労働省）
https://www.mhlw.go.jp/stf/houdou/2r98520000021i2v.html

注意すべきは、「上司―部下間」のみならず、「同僚間、部下から上司に対して」といったケースもパワハラに含まれることだ。パワハラの範疇《はんちゅう》は、あなたの想像より広いかもしれない。

同省ではまた、パワハラの典型例を次のとおり示している。

（1）暴行・傷害（身体的な攻撃）
（2）脅迫・名誉毀損・侮辱・ひどい暴言（精神的な攻撃）

（3）隔離・仲間外し・無視（人間関係からの切り離し）
（4）業務上明らかに不要なことや遂行不可能なことの強制、仕事の妨害（過大な要求）
（5）業務上の合理性なく、能力や経験とかけ離れた程度の低い仕事を命じることや仕事を与えないこと（過小な要求）
（6）私的なことに過度に立ち入ること（個の侵害）

「今どき暴力や暴言なんて……」とお考えの管理職諸氏も、「過大要求」や「過小要求」、「個の侵害」までがハラスメントと言われると、相手の捉え方もあることだから、「絶対ハラスメントなどやっていない！」と自信を持って言い切れるかどうか、早くも迷うところだろう。

特に日本的な感覚として、「理不尽な状況やストレスへの耐性がある」＝「我慢できる」ことが大人であり、また「自分も苦労したんだから、相手も苦労して当然」といった論調が受け入れられる傾向がある。また自分はパワハラだと感じても、和を重視する空気感の中で、一社員がパワハラを訴えて組織と争う姿勢を示すことは、いかにもハードルが高い。したがって、「自分一人が我慢すれば……」と泣き寝入りにつながるなど、どうしてもこの問題は表出しにくいところがある。

実際、厚生労働省から発表された平成28年度「職場のパワーハラスメントに関する実態調査報告書」によると、「過去3年間にパワーハラスメントを受けたと感じた者」がとったその後の行動として、最も多かった回答は「何もしなかった」で40・9%。しかもその理由上位は「何をしても解決にならないと思ったから」(68・5%)と「職務上不利益が生じると思ったから」(24・9%)であり、被害者の無力感が伝わるものとなっている。

一方で、都道府県労働局の総合労働相談コーナーに寄せられる「いじめ・嫌がらせ」に関する相談は年々増加し、平成24年度には相談内容の中でトップのテーマとなった。「解雇」や「労働条件の引き下げ」、「退職勧奨」などに関する相談が減少・横ばい傾向にある中、この「いじめ・嫌がらせ」の相談件数だけが増え続けているのだ。

〈パワハラは犯罪なのか?〉

「たまに厳しい指導をすることもあるが、断じてパワハラではない!」と言い切る人もいる。

しかし、たとえ正当な理由がある叱責の場合であっても、「大声で怒鳴りつける」、「多数の面前での見せしめ・懲罰的な公開叱責」など、方法を間違えば違法性が生じることを忘れてはいけない。

ちなみに、殴る・蹴るなど身体的な攻撃をした場合、刑事事件として「傷害罪」（刑法204条）や「暴行罪」（刑法208条）が成立する可能性がある。最高刑は懲役15年だ。

また言葉だけの場合でも、「お前の将来がどうなってもいいんだな⁉」といったように相手を畏怖させることを言えば「脅迫罪」（刑法222条）、「前の会社は〇〇で辞めたくせに！」とか「不倫をバラすぞ！」などと、公然と具体的な事実を示して相手の名誉を傷つけたら「名誉棄損罪」（刑法230条）だ。その場合、事実が嘘か本当であるかは関係ない。そして、事実を示さずとも「バカ」「給料泥棒」「ダメ社員」などと、公然と汚い言葉で罵った場合は「侮辱罪」（刑法231条）が該当する可能性がある。

その他、民事上でも「会社が職場環境を整える義務を果たさなかった」ということで「職場環境配慮義務違反」、そして「使用者責任」を問われ、損害賠償を請求される可能性もあるのだ。負の連鎖は断ち切らなければいけない。

〈自覚も悪意もないからこそ「ハラスメント」となる〉

筆者は職業柄、これまで数多くのブラック企業に関わり、組織内のハラスメントにまつわる相談や問題解決を手掛けてきた。経験上言えることは、「相手をいじめたい」「憎らしい」といった明確な目的意識や悪意を持ってやっている人はさほど多くなく、逆に**「無意識のうちに」「悪意なく」ハラスメントがおこなわれているケースが多い**、ということだ。

具体的には、これまでハラスメントについて教わった機会がなく、「そもそもどんな言動や行動がハラスメントに当たるのかを知らない」「悪質な場合は刑事罰を受け、自身や組織の評判を大きく低下させるリスクがあると知らない」といった「無知」のパターンが一つ。もう一つは、「これまで受けてきた指導自体がパワハラレベルであったため、自身の普段の言動がハラスメントであることに気付かない」「相手の成長のため、良かれと思ってやっている」「周囲の誰もがハラスメントについて指摘しない」といった「無自覚」のパターン。もしくはその両方が絡み合っているためタチが悪い。

「パワハラをやめよう」といった標語で、個々人の思いやりや道徳心に頼ってなんとかなる話ではないのだ。「パワハラ＝自覚できない無意識の犯罪」くらいの位置づけで、組織ぐるみで対策をとっていく必要がある。

〈「パワハラ」か「指導」か。違いは「信頼関係」にあり〉

あなたは、仕事でちょっとしたミスをやらかした部下に「しっかりしろよ」と声をかける。意図としては、「今回のことはまあ反省して、また次からしっかりやってくれ。期待してるぞ！」という気持ちを込めて、前向きにハッパをかけたつもりだ。しかし、当の部下の表情は硬いままで、委縮しているようだ……。

あなたと部下の普段の関係性次第だが、場合によってはこれも「パワハラ」扱いされてしまうかもしれない。理由は普段からのコミュニケーション不足だ。

「職場のパワーハラスメントに関する実態調査報告書」の平成24年度版によると、パワハラが発生する職場に共通する特徴として最も多かった回答が「上司と部下のコミュニケーションが少ない職場」（51・1％）であった。

たしかに職場に限らず、普段から信頼関係が築けている相手であれば、多少説明不足であっても、発せられた言葉の文脈からその意図までくみ取れることもあるだろう。逆に普段あまり会話もない関係性であれば、言葉一つ一つに対して「それはどういう意図で言っているんだろう……」「非難されているのかな……」と疑心暗鬼になってしまうことさえあり得る。

もちろん上司であるあなたにそんな意図はないのだが、普段仕事に忙殺され、業務上必要な指示をしているだけの関係性では、相手によってはあなたの態度や言葉をネガティブに受け止めてしまう可能性が高い。逆に言えば、日ごろから手厚くコミュニケーションをとり、相手にとって適度に「構い続ける」ことができていれば、あなたの言葉の受け取り方は180度変わることになるだろう。具体的には、次のような日々の配慮で組織の雰囲気は格段に向上するはずだ。

- メールやチャットアプリに頼りすぎず、対面で会話する機会を意図的に設ける
- 最終的な業績や数字だけではなく、業務プロセスにも配慮し（決して「評価」するわけではない）、相手なりに苦労があった点については素直に労う
- 相手のプライベートや、個人的なライフプラン、キャリアプランにも関心を寄せ、配慮していることを口頭で伝える

「この上司／先輩は、自分に対して関心を持ち、ケアしてくれている」と感じられるだけでも、あなたの言葉に対する相手の反応は変わっていくことだろう。

〈「デキる上司」ほどパワハラと思われやすい？〉

あなたが今上司の地位にあるということは、それだけ周囲のメンバーに比して仕事がこなせ、打たれ強く、地道な努力を継続できる……といった資質を持ち合わせていたからであろう。

しかし、後輩や部下はあなたのような人ばかりではなく、相対的に経験も少ない。彼らの仕事ぶりを見ていると、「なぜこんな簡単な作業に、これほど時間をかけてるんだ⁉」「なぜもっと早く手を打たない⁉」「なぜこれくらいの指摘でヘコむんだ⁉　俺なんか20代の頃は……」などとイライラしたり、頼りなく見えてしまったりすることもあるだろう。

そういった様子だけを見て、あなたが彼らを「やる気がない！」「仕事ができない！」「打たれ弱い！」と決めつけて接してしまったとしたら、それこそパワハラと捉えられてしまうだろう。もしかしたら彼らは、やる気はあるが、単に「やり方がわからない」「慣れていない」だけかもしれないのだ。

わからない以上、彼らに「なぜできないんだ！」と詰問しても答えは出てこない。上司であるあなたがやるべきことは、彼らの行動や思考の過程を観察・分析し、「何が成果のボトルネックになっているのか」を探り当て、改善のための支援をすることだ。それこそ、あなたが高い報酬を得ている根拠なのだから。

〈それでも、パワハラと言われてしまったら？〉

これまでの内容をご覧になり、「もしかして、あのときのアレはパワハラだったかも……」と思い返されている方もおられよう。しかし、自覚がおありな時点でまだまだ改善の余地はある。

あまり想像したくないことだが、万が一あなたが部下や後輩、同僚などからパワハラだと言われた際にはどのように対処すればいいのだろうか。次の留意点をご参照いただきたい。

(1) 個人間で対処しようとせず、会社と情報共有して対応する

身に覚えがあろうとなかろうと、パワハラ加害者扱いは不名誉なことである。大ごとにならないよう、個人的に交渉などをして内密に済ませたいという気持ちは重々理解できる。しかし、これは絶対にやってはいけないことだ。もし裁判などに進展した場合、「個人的に隠蔽《いんぺい》工作を図った」と判断されかねないためである。

まずは会社のしかるべき部署に報告、情報共有すべきである。そのときにあなたの言い分を会社側に伝えることで、結果的に会社側からの信頼を得られる可能性も高まるはずだ。

(2) 被害者の言い分を聴き、何をもってパワハラだと感じたのか認識する

告発を受けた後は、しかるべき部署の担当者より、あなたと被害者双方にヒアリングがなされることになるだろう。もちろんあなたにはあなたの言い分があり、悪いことなど全くしていない、という認識があるはずだ。しかし、いきなり相手の非をあげつらって抗弁しても、自己正当化を図る姿勢と映ってしまうかもしれない。

まずは被害者の言い分を聴いて、相手があなたのどんな言動をパワハラと感じたのか認

識することが必要である。その中で反省すべき点があればその点は謝罪し、一方で明らかに認識の相違があるなら、そこはあなたの言い分を的確に伝え、理解を求める必要がある。

(3) 正当性のある、育成目的の指導であったことを説明する

あなたの相手への対応に問題がなく、やりとりがメールや書面等で残っている場合は、履歴データは証拠として積極的に会社に提出して、会社側にあなたの対応に問題がなかったことを説明すべきである。相手の主張に事実と異なる点があるなら、当該メールや書類などの客観的証拠をもとに、事実を時系列に沿って説明することが有効だ。その際は「当該指導の原因となった相手のミスや勤務態度の問題点」「あなたの指導が相手の人格への攻撃ではなく、業務改善目的であったこと」「指導方法や内容に問題がなかったこと」などを明らかにすればよい。

年齢も価値観も異なる人がともに働いていく以上、意見の相違や誤解が生じることは避けられない。そこで無用な対立関係になることなく、問題から目をそらさずに前向きに対処することができれば、信頼関係や名誉は取り戻せることだろう。

労働基準監督署、及び法律専門家と良好な関係を築いておこう

労務トラブルが起きた際、従業員が駆け込むところといえば「労働基準監督署」と相場が決まっている。労働基準監督署は労働基準法に規定された官庁であり、その中では労働基準監督官が働いている。彼らは労働関係法令に違反する罪について捜査権限を持つ「司法警察職員」なのだ。彼らは法令違反が疑われる会社に立ち入り調査をおこない、指導や是正勧告などの行政処分を出せることはもちろん、悪質と判断した場合は捜査や逮捕ができ、検察官に送致できる権限まで持っている。

自らの行動にやましいところがある経営者にとっては関わりを避けたい機関かもしれないが、逆に言えば労働法を遵守しようとする企業の味方ということでもある。就業規則を

改訂して労基署に届け出る機会などに、問題社員への対処法について相談するとよいだろう。解雇を回避すべく努力している姿勢を示すことができれば、「自署の管轄内で雇用を維持しようと奮闘している事業所である」として応援してくれるであろうし、必要な手続きについてアドバイスを得られることもある。もし最終的に退職勧奨や解雇をおこなう段階になったとしても、「このような流れで進めているが、違法性はないか」と先手を打って相談してお墨付きが得られれば、問題社員に対しても「本件は労基署にも相談済で、手続きに違法性はないと確認している」と堂々と宣言できるというメリットがあるのだ。

なお念のため、「事前に労基署に相談したから絶対に訴えられない」というわけではないことはご留意いただきたい。原則として労基署は「労働関連法違反」を取り締まる役所であるため、解雇の有効性など民事上の判断や命令をする権限はない。それらを最終的に判断するのは裁判所の仕事である。したがって、「解雇するならその理由を従業員に充分説明するように」「30日分の解雇予告手当を支払うように」といった、後々トラブルにならないようなアドバイスが得られる、程度にお考えいただければよいだろう。ちなみにそれらの法律に従って手続きをおこなっていれば、労基署から事業者に対して強く指導されることはないと考えてよい。それが「お墨付き」の所以《ゆえん》である。

そして、弁護士や社会保険労務士など、労務関連に詳しい専門家と普段から良好な関係を維持しておくこと、できれば顧問として教えを乞うことができることが望ましい。解雇したい問題社員がいたとしても、そもそも解雇すべきなのかどうか、というところからアドバイスを受けることができるし、懲戒解雇に該当して即日解雇できるケースならば、解雇予告手当や退職金の支払いなど、本来しなくてもよい支払いを未然に防げるといったメリットもある。

解雇はどうしても事後にトラブルになりやすいテーマであるため、問題社員の問題行動が気になり始めた時点から相談しておくことで、証拠保持などの助言も得られ、不当解雇などの問題になった際でも対策をスムースにとれることもまたメリットだ。デメリットがあるとすれば、問題が顕在化していないときにも発生する月額の顧問料ということになるだろうが、月数万円程度が相場であるため、それによってトラブル時に支払わなければならない数百万円の費用を節減できるならば前向きな投資と言えよう。

また、労務系のトラブルは双方の言い分が噛み合わないことが多く、背景状況を把握できていなければ扱いづらいテーマでもある。トラブルが手遅れ段階になってから新規で持ち込まれてもなかなか受けられる専門家はいないため、やはり普段からの関係性と情報共有が重要であり、そのためにも顧問として依頼しておくことがお勧めだ。

問題社員がユニオンと共闘してきた場合に備えておこう

勤めている会社と何かしらのトラブルになった場合、社員が駆け込む場所といえば「労基署」と相場が決まっていたものだが、昨今はそこに新たな選択肢が加わっているようだ。大手企業とも対等にやりあい、ネットの力も駆使して労働争議をひとつのニュースにしてしまう力を持ったところも存在する。それは通称「ユニオン」とも呼ばれる、「合同労働組合」だ。

わが国における労働組合の約9割は、当該企業の従業員でないと加入できない「企業別労働組合」だが、合同労働組合、すなわちユニオンは同じく労働組合でありながら、労働組合が存在しない企業の労働者、非正規雇用者（パート、アルバイト、派遣、契約、嘱託社員など）、管理職、そして失業者までをも対象とし、労働者であれば基本的に誰でも加入することができる。特にわが国の中小企業ではそもそも企業内の労働組合が存在しないことも多いため、職種や産業の枠組に関係なく個人加入できるユニオンには中小企業労働者の加盟率が高い。地域限定で活動しているところもあれば、全国から加入できるユニオンも存在する。このような形態の労働組合（労組）ができるまで、退職して組合員資格を失った労働者が会社と争う場合は個人で対応するしかなかったため、退職者や失業者も加入できるユニオンの存在は画期的だったと言える。

ユニオンの紛争解決件数は年々増加しており、行政や司法に匹敵するほどの件数を記録。また、個別労働紛争を当該企業との団体交渉だけで解決する自主解決率が67・9％にのぼり（2008年）、紛争解決力の高さを示している。

しかし大変残念なことに、労働者から頼られ、また労働組合法で手厚く守られた存在であることを逆手にとり、ブラック企業さえも尻尾を巻いて逃げ出すような悪辣な行為をおこなう「ブラックユニオン」が、ごく一部だが存在するのだ。その手法とは、会社に不満を抱えた労働者を勧誘し、その会社の問題点をあげつらい、「不当労働行為だ」と騒ぎ立て、相手方を「ブラック企業だ！」と公然と批判し、最終的に高額な金銭を要求するというものだ。もちろん、違法な企業側にも問題はあるのだが、その手法が「要求」というレベルを超えた「恫喝」になっているケースもある。たとえば、大勢でオフィスに押しかけ、机を叩いて大声で威嚇するような、とても「交渉」とは呼べないようなやり方。また、抗議ビラには、経営者の個人情報や「株式会社〇〇はブラック企業!」といった誹謗中傷が書かれ、昼間から大音量で街宣活動を継続するので、周辺のオフィスやテナントにも迷惑がかかるなど、名誉毀損罪にも当たるレベルの過激な行動が報告されている。こうした悪質な組織には、同じユニオン関係者も、「彼らのやり方は如何なものか……」と眉をひそめている。

昨今では、ウェブの発達によって、マスメディアで報道されない規模のニュースでも我々自身が情報発信でき、また受け取り、それらを自由に拡散できる時代になった。一部ユニオンはその力を最大限に活かしており、自ら動画を編集し自分たちに都合が悪い箇所は隠して、一方的にウェブにアップしたりSNSで拡散したりするなど、手口はエスカレートする一方だ。

憲法第28条は労働者の権利行使において「刑事免責」と「民事免責」を含むと解されている。これは労働者の団結・団体交渉・団体行動に対して、刑事上も民事上も責任に問われないということであり、この部分の解釈を一部のユニオンが悪用するのだ。まるで「合法的な総会屋」のような存在であると言えよう。

会社とトラブルになった社員が労働基準監督署に駆け込んだ場合、労基署からは監督官が来て臨検をおこない、問題があった場合は是正指導をおこなう。一方で社員がユニオンに駆け込んだ場合、ユニオンは当該社員の代理として会社と団体交渉をおこない、社員の被害回復を要求する……。と、ここまではよいのだが、もし駆け込んだ先がブラックユニオンだった場合、相手は「解決金」という名目で企業に対して多額の金銭を要求してくることになる。

「組合法で保証されている！」という文言を盾に団体交渉や街宣活動を仕掛けてくるが、先述のとおり、交渉とは名ばかりの、一方的な要求の突きつけや大声で威嚇するような恫喝レベル行為であることもしばしばだ。それはすなわち、「お金を持っていそうな企業や有名企業に噛みつき、労働組合の権限をフル活用して行動し、多額の解決金を獲得することを目的としたビジネス」とも言える。

本来は、監督官庁が違法行為や行き過ぎた行為をたしなめるべきなのだが、それもなされていない状況だ。多くの経営者は、この街宣と広報活動をやられた段階で参ってしまって和解金を支払うことになる。しかも、要求する和解金額は1千万円を超えることもしばしば。中小企業にとっては大変な金額であり、和解金を用立てるためにわざわざ借金をしなければならなくなった会社もある。そしてユニオンは、その和解金から1～2割を協力金やカンパという名目でピンハネする。これが彼らの収入源である。

合法的に恐喝するが如きこの仕組みを活用し、大手有名企業や黒字企業、昨今では零細企業に小さなお店にまで食い込んだ「高額な和解金を得るビジネス」が、人知れず進展しているのだ。昨今は有名企業をターゲットとし、どの会社でもあり得るような些細な違反をきっかけにユニオンが騒ぎ、メディアの力を活かして団体交渉（団交）を進め、和解金獲得に至る例も多い。

零細企業や商店にまでターゲットを広げているのは、数人で経営している零細企業には法務がないため、大勢で押しかけただけで、経営者が怯えてお金を支払ってしまう例もあり、大企業よりたやすく金銭が入手できてしまうからだ。

また、素行や人柄に問題があって解雇した「元」従業員だとしても、当該人物がユニオンに加入して団交となった場合、会社側は解雇後であってもその団交を受けなければならないのだ。これはもはや労働組合というより、「労働組合法が適用される反社会団体」と言ってもよいかもしれない。

〈そもそも企業側にも、ブラックユニオンにつけ込まれる隙がある〉

ここまで、いかにもユニオンばかりが問題であり、企業側が一方的な被害者であるかのように書き連ねてきたが、被害者となる企業側にも問題がないとは言えない。これまでのケースで多かったパターンは、「遵法意識が低い」「就業規則が整備されていない」「経営者が法律を知らない」といったものだ。

労働条件を規定する法律が「労働基準法」であり、各企業内の法律に位置するのが「就業規則」である。自社内の労使関係を規定する重要な存在なのだが、残念ながら多くの中小企業では、ネットや本に載っている就業規則のサンプルをコピーして部分的に修正した程度で、経営者がきちんと全体を把握しているケースは多くないのが現状だろう。しかし、そういった企業ほど、ユニオンの被害に遭った際の影響が大きい。最悪、倒産するリスクさえあるのだ。

仮に、素行不良や業績不振など、致し方ない理由があって従業員を解雇したとする。しかし、いくら客観的な証拠があったとしても、就業規則が未整備で、然るべき手続きを踏んでいなければ、「不当解雇！」と騒がれ、ひいては「パワハラを受けた！」「鬱病になった！」といった理由で損害賠償請求を受けたり、ユニオンが出てきて高額な解決金を要求されたりしてしまうことになりかねない。

大企業ならまだしも、従業員数1ケタ〜数十人規模の企業でこのような事態になってしまうと、それだけで会社が傾く恐れがあるだろう。何も産み出さないどころか、人件費が余計に1人分かかってしまうのだから。

これは法律を熟知した従業員個人が会社への復讐として実行するケースと、ユニオンに駆け込んだ被害者従業員に対してユニオンが入れ知恵するケース、双方が存在する。ユニオン側は仮に全て持ち出しで相談対応し、被害者に弁護士をつけたとしても、最終的には儲かるのだ。なぜなら、彼らは労使トラブルをきっかけに企業に食い込み、高額の解決金を要求するから。弁護士費用を払った残額を被害者と山分けしても、利益は百万円単位になるだろう。

遵法意識が低く、就業規則等が未整備な会社ほどツッコミどころが多いので狙われやすい。そしてブラックユニオンにとって被害者は救済の対象ではなく、都合のよい捨て駒のようなものである。目的はあくまで解決金というわけだ。

このような悪意あるユニオンに目をつけられないためにも、日々のリスク管理とコンプライアンスの徹底は留意して取り組まねばならない。ユニオンは法律を盾に要求をおこなうため、些細な事でもきっかけとなって「法律無視の悪意ある会社」というネガティブな印象操作をやられかねないから。すなわち経営者は、労働法制の変化を常にウォッチし、臨機応変な対応を徹底していくべきである。「知らなかった」では済まされないし、ユニオンはそのような無知な経営者を攻めてくるからだ。

〈ユニオン組合員相手のコミュニケーションにおける留意点〉

前章「太陽方式」の解説で述べたような配慮が、普段の社内コミュニケーションにおいてできていれば、あなたの会社は充分「風通しがよく、働きやすい環境」との評判が得られるはずだ。そこで、話す相手がすでにブラックユニオンの組合員であることを想定した場合の配慮についても解説しておこう。要点は3つある。

(1) 組合員に対しては、ユニオンに関わる話を一切しないこと

他意がなくとも、本人の前でユニオンにまつわる話を少ししただけで、「組合活動に干渉した！」と指摘されるリスクがある。実際、確認のために「君は社外の合同労組に入ったの？」と聞いただけで、不当労働行為を申し立ててきたケースがあったほどだ。もちろんこの場合、実際に不当労働行為があったかどうかは争点にはならない。結局は、労働委員会においても和解が勧告される展開となるので、ブラックユニオンは解決金を得やすくするためのツールとして、委員会を都合よくタダで使っているというわけだ。くれぐれも不用意な発言は避けておきたい。

(2) 組合員とのやりとりは、労働審判の裁判官と公益委員相手だと思って対応すること

たとえ正当な業務指示であったとしても、また本人のためを思って発言したことだとしても、ブラックユニオンの組合員は「自分が組合員だからそういう扱いをするんだろう!?」「支配介入だ！」「不当労働行為だ！」と曲解し、責め立ててくるリスクがある。と

はいえ、仕事である以上は多少ネガティブに感じられることでも指示をしないわけにいかない。その対策としては、「労働委員会に申し立てられても、委員が納得できるような言い方を心がける」ということだ。たとえば、不要な残業をさせずに仕事が終わり次第帰らせたいときは、「仕事が終わったら帰れよ!」と言い放つのではなく、「他の皆にも同じように言ってるけど、君も仕事が終わったなら早く帰ったほうがいいよ」という言い方をするのだ。大変遠回りでもどかしいかもしれないが、余計な揚げ足をとられないためには必要な防御法である。

(3) 組合員とのやりとりは、全て録音されているという前提で対応すること

ここまでのパワハラにまつわる留意点を認識し、普段のコミュニケーションにおいて細かく配慮いただくことだ。何の配慮もしないで言ったことは後から取り返せない。何しろ、基本的に全ての会話は録音されているからだ。どのような背景状況や意図があったとしても、ブラックユニオンはセンセーショナルに聞こえるパワハラ部分だけを切り取って拡散し、あなたの会社のネガティブイメージを広げていく。「そんな意図はなかった!」「実はその発言の前にはこんな流れがあったんだ!」といくら弁解しようが、流布したものはネッ

ト上に永遠に残るし、その反論自体がまた不当労働行為だと指摘されてしまう。

このように、普段から相手に配慮した丁寧なコミュニケーションを心がけることは、ブラックユニオンの攻撃を無力化する大いなる武器となるのだ。面倒だ、遠回りだといったお気持ちは重々承知しているが、予防のためにも、そもそもあなたの会社の魅力を増すためにも、ぜひ本日から意識して行動を変えていただきたい。


ここまで述べてきた対策を普段から抜かりなくおこなっていれば、問題社員に悩まされることはなく、良好な労働環境を維持できるはずである。しかし、もし万が一ブラックユニオンがやってきて、団体交渉の申し入れをしてきたら……。

一つ知っておいていただきたいのは「団体交渉にはすぐに応じなくてよい」ということだ。「団体交渉にすぐ応じないと労働組合法違反で不当労働行為と言われ、自分たちが不利になるのでは?」とご心配の向きもあろうが、大丈夫だ。当の労働組合法第7条2項にはこのように書かれている。

第77条　使用者は、次の各号に掲げる行為をしてはならない。
2　使用者が雇用する労働者の代表者と団体交渉をすることを正当な理由がなくて拒むこと。

すなわち拒めないのは「使用者が雇用する労働者の代表者」との団交であり、ユニオンは労働組合ではあるものの、いわば見ず知らずの第三者だ。慌てふためく必要などなく、少なくとも回答は文書かＦＡＸなどで「諸般の事情により期日までに回答できません。よって、〇月〇日までに文書にて回答します」と通知しておき、その間に余裕をもって対応策を練ればよいのだ。

もし、実際に「団体交渉を申し込まれてしまった」という場合や、団体交渉の対応方法をしっかり把握しておきたいという場合には、拙著『ブラックユニオン』（青林堂）をお読みいただきたい。ブラックユニオンの実例を紹介するとともに、団体交渉の対応の流れや留意事項などについて解説しているため、ユニオンについてより詳細に理解していただくことができるだろう。

ユニオンに対する基本的な知識や対応経験がないまま団体交渉に応じてしまうと、ユニオン側の言いなりになってしまったり、不利な状況に陥ってしまったりする恐れが大いにある。ユニオンに対峙する際に重要なのは「経験者に頼る」ことだ。ブラックユニオンの恫喝にめげることなく断固とした対応を取り、組織を守っていただきたいと願っている。

「いい会社」を創り上げていこう

これまでご覧いただいたように、法律を遵守し、就業規則を整え、働き方改革を推進し、組織内のコミュニケーションに配慮することで、問題社員からの「ツッコミどころ」をなくし、彼らの介入を防ぐことができるのだ。しかし一方で、このように感じる方もおられることだろう。

「声がけの配慮だなんて、何を甘っちょろいことを言ってるんだ⁉　俺たちの時代は鉄拳制裁なんて当たり前だった！　そうやって鍛えられてきたんだ！」
「残業規制とか有休義務化とかふざけるな！　法律なんてまともに守っていたら会社が潰れちゃうよ！」

「何がワーク・ライフ・バランスだ⁉　若いやつはもっと働け！　今の便利な生活は、俺たちや先人の献身的な残業で成り立っているんだぞ！」

私事ながら、私自身も新卒時代は将来的な起業を志し、「そのためには経験とお金が必要！」と、ハードワークを厭《いと》わずブラック企業に身を投じた人間であるから、そういったお考えは痛いほど共感できる。実際、サラリーマン時代は仕事を早く終わらせて帰る同僚に対して「ヒマならもっと働け！」と（心の中で）叫んでいたものである。

しかし先述のとおり、今は時代も、働く人の価値観も、法律までもが変わってしまった。そのような状況の中、あなたの考え方が変わらず、法律知識がアップデートされないままでは、それこそ悪意ある問題社員やユニオンの格好のエサになりかねない。彼らは法律を熟知しており、無知な経営者の揚げ足をとり、付け入ってやろうと虎視眈々と狙っているのだ。

実際、法の制約は厳しく、守るべきことが多い。労基法に完璧に従って経営していこうとすれば、法律を守っていない会社に比べて、当然手間もコストもかかることだろう（もちろん、その状態が本来あるべき姿なのだが……）。法律を遵守したうえで会社運営することを「従業員への施し」かのように考えている経営者が多いかもしれないが、そんなことはない。法律は「従業員のため」のものであると同時に、「ちゃんと守っている企業のため」でもあるのだから。

不祥事や業績悪化などで世の中から消え去っていく会社は、だいたいが違法企業である。長期的に考えれば、法を遵守することで次のようなメリットがあると言える。

- 従業員が職場環境に満足し、不満を抱くことが少なくなる。相対的に、悪意を持った従業員が減る
- 適法に運営されているので、仮に悪意のある従業員がいたとしても、彼らに会社を非難する材料を与えない。内部告発を恐れることもなくなる
- 労基署や税務署など、当局がいつどのような調査に訪れようが、法を守っていれば何らやましい気持ちを抱く必要がなくなる
- それどころか、法を守って従業員を大切にしている企業には、さまざまな公的助成金が用意されていて、それらを受給することができる
- 従業員ばかりでなく、取引先からの信用も増す

・良好な労働環境が実現することで、全国から優秀な人材が集まり、問題社員が新たに入り込む隙がなくなる
・そこまで徹底していれば、万一業績が悪化して、従業員に負担を求めることがあったとしても、彼らはむしろ会社側の立場に立って協力してくれるようになる

労基法を守り、本業でしっかり利益を出し、企業を存続させるのが本来あるべき「経営」の姿である。それができれば、優秀な人材に選ばれる会社となるだろうし、それが充分にできないのであれば、そもそも経営者失格と言ってもよかろう。

労基法違反は刑事罰である。すなわち、「労基法を守れなくても仕方がない」と開き直ることは、経営者自ら「当社は違法企業です」と公言していることと同様なのだ。また、求人広告や会社説明会でさんざん耳に聞こえのよいことを言いながら、実際は劣悪な労働環境を放置し、残業代さえ払っていないのであれば、「事実と異なる情報を流布して意思決定させる」という「詐欺」であり、「従業員の残業代を着服している」という「窃盗」なのである。違法状態を放置している会社が競争に勝ったところで、それはスポーツで言うところの「ドーピング」であり、まともに法律を守っている会社に迷惑をかけている点

で「反社会的企業」であることを肝に銘じ、できるところからでも改善を施していくべきである。

筆者としては、あまり法律ばかりを持ち出して堅苦しいことは言いたくないが、あなたが必死の思いで築き上げてきた大切な会社が、ちょっとした法律の見落としや配慮不足を指摘され、「違法企業だ！」「パワハラだ！」と揚げ足をとられ、多額の解決金まで取られるリスクを危惧しているのであり、同時に、これ以上問題社員による被害者を出したくないという一心なのだ。彼らからの悪意ある攻撃を予防するために必要なことは、彼らにつけ込まれる隙をなくすこと。遠回りのように感じられるかもしれないが、**あなたの会社が「遵法優良企業」になることこそが王道なのである。**

ぜひ、本書をお読みいただいたあなた自身に、具体的な行動を起こしていただきたい。これまで述べてきたことの中には「分かる」「知っている」とお感じのものもあったかもしれないが、どうかその段階で終わらせず、もう一歩進め、「できる」「やっている」と言えるようになっていただきたいのだ。さらには、それが「いつもできている」「いつもやっている」となったとき、あなたの会社からは問題社員が去り、優良な人材が集まり、取引先や周囲の人々から「いい会社」として応援される存在になっていることだろう。

付録 「解雇」にまつわる法的解釈

そもそも、クビには3種類ある。本書内では簡潔に「クビ」と表現している「解雇」とは、会社の都合によって従業員との雇用契約を解除することだ。そしてその原因によって、「普通解雇」、「整理解雇」、「懲戒解雇」に分けられる。

・整理解雇

経営不振による合理化など、経営上の理由に基づく人員整理としておこなわれる解雇。いわゆる「リストラ」である。

・懲戒解雇

会社の規律や秩序に違反した従業員に対して懲戒処分としておこなわれる解雇。違反理由としては犯罪行為や職場の規律違反、業務命令違反、機密漏洩《ろうえい》などがあり、懲戒処分としては、戒告、譴《けん》責、減給、停職などがある。懲戒解雇はこれら懲戒処分のうち最も重いものである。

・普通解雇

上記以外の理由で、労働能力の低下や、就業規則に定める解雇事由に基づいておこなわれる解雇。

突発的に発生する地震や台風、疫病といった天災の影響により企業経営が苦しくなり、その改善のために整理解雇しようとしても、裁判では無効とされてしまう可能性がある。なぜなら、解雇の必要性の他に「解雇を回避すべく努力したかどうか」、「解雇対象の人選は合理的か」、「手続きに妥当性があったか」といった要件を満たす必要があるからだ。「社員全員の給料を引き下げた」「解雇せずに配置転換することで対応しようとした」など、取れる手段を全てとったうえで、それでもだめだったというくらいの合理的な理由がなければならない（詳しくは次項で述べる）。

また、「個人的に気に入らない」「営業成績が悪い」といった理由だけだと「合理的な理由」にはならない。「成績が期待値以下であることを本人に伝えて努力を促し、外部研修を受講させ、上司や先輩も商談に同席するなどのサポートを半年間にわたって継続した」というくらいの、改善に向けた会社側からの努力姿勢があることが前提で、かつ個人の恣意的な判断が加わらないことが条件になる。

景気が良くて求人も多い「売り手市場」の時代であれば、比較的容易に再就職先も見つかるため、不本意な解雇だとしても新たな転職先へと気持ちを切り替えて臨むこともできる。しかし今のように経済が停滞し先行きが見えない状態では、現職と同等以上の条件で再就職先を見つけることは困難となる。必然的に従業員は今の会社にしがみつこうとするし、労働法にまつわる知識も広く知られるようになっている関係上、泣き寝入りせずに法的手段に訴え出てくる可能性もあるだろう。場合によっては外部の合同労組（ユニオン）の力を借り、団体交渉に持ち込まれるケースも想定される。そうなれば長期にわたって交渉が続き大きな負担となるし、法的には解雇無効となることが多い。となると、本来勤務していた場合に支給すべき金額に加えて、割増の付加金まで支払いを命じられることになるリスクもあるのだ。

解雇が有効と認められるための条件

経営者にとっては、社員を簡単にクビにできるほうが楽かもしれないが、ご存知のとおり日本では法規制と判例の積み重ねがあるため、そう簡単には解雇できない建てつけになっている。どうしても従業員をクビにしなければいけない事態になったとしても、法的にその解雇が有効であると認められなければならず、そのためには次の5つの条件全てを満たさないといけないのだ。

（1）解雇禁止事項に該当しないこと
（2）法律に則った解雇予告をおこなうこと
（3）就業規則の解雇事由に該当していること
（4）解雇に正当な理由があること
（5）解雇の手順を守ること

では、詳しくみていこう。

(1) 解雇禁止事項に該当しないこと

労働基準法第19条等により、そもそも解雇自体が不可能なケースや制限されるケースが規定されている。これらに違反した場合はその解雇が無効になるだけでなく、労働基準法(労基法)違反として「6ヶ月以下の懲役又は30万円以下の罰金」も科されることとなるのでご留意されたい。

<解雇禁止事項>

1　労働者が業務上の負傷をし、または疾病にかかり療養のために休業する期間及びその後の30日間（労働基準法第19条）。なお、当該期間内に解雇予告をおこなうことは可能。また「業務上の療養期間」には、治癒後の通院期間は含まれない。

（ただし、療養開始から3年が経過しても負傷・疾病が完治しないため、平均賃金の1200日分を支給し、以降の補償責任を免れる「打切補償」をおこなった場合や、同じく1年6カ月が経過しても完治せず「傷病補償年金」へ移行した場合、天災事変など、やむを得ない事由により事業継続が不可能となり、所轄労働基準監督署長の認定を受けた場合は解雇可能となる）

2　労働者の国籍、信条、社会的身分を理由とする解雇（労働基準法第3条）

3　行政官庁または労働基準監督官に申告をしたことを理由とする解雇（労働基準法第104条）

4　年次有給休暇を取得したことを理由とする解雇（労働基準法附則第136条）

5　労働者が女性であることを理由とする解雇、男女の均等な機会及び待遇の確保に係る紛争に関する援助・調停を都道府県労働局長に求めたことを理由とする解雇（男女雇用機会均等法第6条）

6　女性労働者が婚姻し、妊娠し、出産し、産前産後の休業をしたことを理由とする解雇（男女雇用機会均等法第9条）。なお、期間内に解雇予告をおこなうことは可能

7　産前産後の女性が労働基準法第65条の規定によって休業する期間及びその後の30日間（労働基準法第19条）

8　育児休業の申出をし、または育児休業をしたことを理由とする解雇（育児・介護休業法第10条）

9　介護休業の申出をし、または介護休業をしたことを理由とする解雇（育児・介護休業法第16条）

10　不当労働行為となる解雇（労働組合法第7条）
（労働者が労働組合員であることや、労働組合に加入したり、結成しようとしたりしたこと、もしくは労働組合の正当な行為をしたこと、労働委員会への申立等を理由とする解雇は「不当労働行為」となる）

11　従業員が労働基準監督機関に申告したことを理由とする解雇（労働基準法第104条、労働安全衛生法第97条）

12　女性労働者が、男女の均等な機会・待遇に関する事業主の措置で募集・採用、配置・昇進・教育訓練、一定の福利厚生、定年・退職・解雇に係る紛争について都道府県労働局長に援助を求めたことを理由とする解雇（男女雇用機会均等法第17条2項、第18条2項）

13　解雇予告または予告手当の支払いを欠く解雇（労働基準法第20条）

14　就業規則・労働協約に反する解雇

（2）法律に則って解雇予告をおこなうこと

労基法第20条において、解雇する際には少なくとも30日以上前に「解雇の予告」（通告）を従業員に対しておこなうことが義務付けられている。また予告をしないときは「解雇予告手当」（30日分以上の平均賃金）を支払う必要がある。なお、双方を組み合わせて合計で30日分以上となれば合法になる。

たとえば、9月30日付で従業員を解雇する場合は、遅くとも8月31日には解雇予告をしておく必要がある。もしくは9月10日（解雇日の20日前）に解雇予告をおこない、10日分の平均賃金を支払えば「合計30日分以上」となるので、9月30日付で解雇が可能になる。

ちなみに、「平均賃金」については今後も出てくるので把握しておいていただきたい。「直近3ヶ月の賃金総額を、その期間の総日数（労働日数ではなく）で割った金額」だ。たとえば、「月給22万円・所定労働日数22日」の人なら「1日あたり賃金」は1万円だが、「平均賃金」は8千円くらいになるはずだ。

この解雇予告には例外もある。次のようなケースに当てはまる場合は、労働基準監督署において「解雇予告除外認定」を受ければ、予告解雇や解雇予告手当の支払はしなくてもよいという規定があるのだ（あくまで「認定を受ければ」という条件付きであり、予告や手当抜きで解雇してしまうと労基法違反となってしまうので留意が必要だ）。

- 天災事変その他やむを得ない理由があって事業を継続できなくなったとき
- 従業員の不都合な言動によって解雇するとき
- 職場内での盗取、横領、傷害などの刑法犯に該当する行為のあった場合
- 賭博等により職場規律を乱し、他の従業員に悪影響を及ぼす場合
- 採用のときに重要な要素となるような経歴を詐称した場合
- 他へ転職した場合
- 2週間以上の無断欠勤で、出勤の督促にも応じない場合
- 出勤不良で、数回にわたって注意を受けても改めない場合

これらのケースはあくまで例なので、同等に重大かつ悪質な行為については、解雇予告除外認定を申請すれば認められるはずだ。その際は、最寄りの労働基準監督署にお問い合わせいただきたい。

なお、そもそも予告解雇や解雇予告手当が必要ない従業員についても定められている。

・2ヶ月以内の期間雇用者（契約更新している場合は不可）
・試用期間中の者で入社日から14日以内の者

すなわち試用期間中であっても、入社日から15日目以降になれば予告解雇か解雇予告手当が義務付けられることとなるので重々ご留意いただきたい。

（3）就業規則の解雇事由に該当していること

従業員が10人以上いる場合は労働基準法により、就業規則を作成し、労働基準監督署に届け出ることが義務付けられている。会社によっては、ネット上に無料で転がっている就業規則のひな型を丸写しするか、少し手直しして使っているところがあるかもしれないが、それは大いに危険であるとともに、せっかく自社の労務リスクを低減できる機会を活用しない、大変もったいないことだと言える。

簡単に結論を申し上げると、「就業規則に規定がなければ、問題社員に対する懲戒も解雇も非常に難しくなる」のである。もし規定がないまま懲戒処分や解雇をしてしまったら、「そんなこと、就業規則に書いてない！」「不当解雇だ！」としてトラブルになり、あなたの会社が訴えられてしまう可能性があるのだ。就業規則がなければ、裁判になった場合会社は確実に負けてしまうだろう。

就業規則は必ず整え、「解雇事由」についても可能な限り数多く列挙し、整備しておくべきである。その名のとおり、「こんなことがあったら解雇しますよ」と解雇になる理由のことであり、これらが明示されていれば、従業員に問題行動があった際も該当するかどうか判定しやすく、トラブルも少なくなるというメリットがある。逆に言えば、解雇事由が規定されていなければ、その解雇は無効になってしまうわけだ。あげておくべき事由の例はP.282以降にて後述しているので、ぜひ参照いただきたい。

なお本項冒頭で「従業員が10人以上いる場合は就業規則作成義務がある」とお伝えしたが、義務がなくとも就業規則は作成しておくべきだ。繰り返しになるが、就業規則がなくても解雇はできるものの、解雇事由に関する基準がないためトラブルになる可能性が非常に高くなる。裁判でも労働者保護が優先されるケースが多いため、規模は関係なく細かい就業規則を作成しておくべきなのである。

(4) 解雇に正当な理由があること

解雇について規定した「労働契約法第16条」にはこのような記述がある。

> 労働契約法第16条
> 解雇は、客観的に合理的な理由を欠き、社会通念上相当であると認められない場合は、その権利を濫用したものとして、無効とする。

すなわち、「客観的に合理的な理由」がないと不当解雇と判断され、認められなくなってしまう。特に経営上の理由による整理解雇の場合、労働者の落ち度によるものではないため、その有効性については通常の解雇の場合よりも厳格に判断される傾向にある。では解雇が「客観的に合理的」と認められるための要件とはどのようなものかというと、次の4つの観点から判断されることになる。

（1）人員整理の必要性

整理解雇をおこなうには、相当の経営上の必要性が認められなければならない。つまり、経営危機下でなければ認められないということだ。

（2）解雇回避努力義務の履行

正社員の解雇は「最後の手段」であり、その前に役員報酬の削減、新規採用の抑制、希望退職者の募集、配置転換、出向等によって、整理解雇を回避するための相当の経営努力がなされ、「もう解雇以外に手立てがない」と判断される必要があるのだ。

（3）被解雇者選定の合理性

人選基準が合理的で、具体的人選も公平でなければならない。辞めさせたいヤツを名指しすることはできないというわけだ。

（4） 手続きの妥当性

事前の説明・協議があり、納得を得るための手順を踏んでいなくてはいけない。

これら4つの項目については、「1つでも欠ければ無効」というほど厳格なものではなく、あくまで総合的な判断の際の要素として扱われる。ただし、「（1）人員整理の必要性」については緩やかに判断される傾向があり、過去の整理解雇が認められた判例においては、「今すぐ解雇しないと会社が潰れてしまうくらいの危機的状況」だったところもあれば、「リストラで余剰人員が発生したから」という程度のところもあった。

裁判で整理解雇の有効性が争われた場合、会社側には経営危機状況や経営判断の合理性の内容に関する説明責任があるとされており、財務諸表等の客観的資料に基づいた具体的な主張立証が必要であることは認識しておくべきである。

「（2）解雇回避努力義務の履行」と「（3）被解雇者選定の合理性」の要素については、「（1）人員整理の必要性」と比べて、より厳格に審査されているようである。「（2）解雇回避努力義務の履行」については、次のような措置を検討することが望ましいとされており、実際にこれらを複数実施したかどうかは判断材料となる。

- 諸経費の削減
- 役員報酬の削減
- 取締役人数の削減
- 新規採用の抑制、見送り
- 中途採用、再雇用の停止
- 一時金の支給停止
- 配置転換、出向
- 一時帰休（労働者を一時的に休業させる）
- 残業規制
- 賃金、賞与のカット
- 非正規従業員の雇い止め、契約打ち切り
- 希望退職者の募集

もちろん、これらを全ておこなう必要はない。貴社の実情と財務状況などを照らし合わ

せ、さまざま組み合わせながら検討・実行していくとよいだろう。いくら問題社員を排除したいという意図があっても、いきなり狙い撃ち的に解雇してしまうと後にトラブルになりかねない。この機会に組織全体のありさまを見直し、経営陣も痛みを共有し、文字どおりの再構築（リストラクチャリング）を実行する、という選択肢があってもよいだろう。比較的着手しやすい項目について少し解説する。

・役員人事と報酬の見直し

まず着手すべき見直し対象は役員である。社員とともに組織の危機を乗り越えようという意図があるなら、役員が高額報酬を得た状態では納得感も一体感も得られない。社員の給与を下げる前に、まずは役員報酬を切り下げるのだ。これは取締役会を開催して決議しさえすればすぐに実行可能である。税務上も利益アップにつながり、反対する理由はないだろう。

また非常勤役員など名目上の存在であり、かつ報酬が発生している人については退任してもらおう。常勤役員でも業績貢献できていないのであれば、任期満了まで待って再任せず、自動的に退任という形をとればよい。役員への待遇として社用車での送迎や接待交際費の枠などがあれば、そういった付帯的な福利厚生も聖域なく見直し、必要に応じてカットすべきだ。

・新規採用と再雇用の中止

採用は本来必要な手段ではあるのだが、社内的にも対外的にも、「リストラをしていながら採用を継続している」と見えるのは、いらぬ反発を招くことになる。仮に活躍できる資質を持った人であっても、既存社員からの当たりが強く、組織になじめないといったことがあれば損失である。

また定年後の再雇用についても無条件に受け入れるのではなく、厳しめに設定した新たな労働条件や待遇で契約し直すなど、ひと手間かけて対応すればトラブルを防げる。さらに、60歳時点での給与額と比べて75%未満まで給与が減った状態で、定年後に間を空けずに働き続けた60歳～65歳の人に対しては「高年齢雇用継続基本給付金」が支給され、給与の低下率に応じて、下がった給与額の数パーセントを受け取ることができる。こういった制度は、労働局やハローワークなどで相談すれば詳しく教えてもらえるので、活用することをお勧めしたい。

・自動昇給停止

定期的な自動昇給は廃止し、昇給はあくまで本人の能力や職務実績、勤務成績、人事考課、勤務態度などを総合的に勘案しておこなうべきである。もし就業規則に定期昇給が明示されているなら、規定を見直し、「年1回以上おこなうことがある」程度にとどめておきたい。あくまで査定をもとにして昇給の有無を決定し、会社として評価する人物像や資質を、その昇給の有無によって伝えるという姿勢が必要である。

・残業規制

この機会に、仕事の進め方や人事制度自体を見直すことができれば一石二鳥である。業務の棚卸しやマニュアル化によって余計なタスクを減らし、価値創出できる業務にリソースを割くようにする。また仕事を時間ではなく成果で測ることによって、ダラダラと実のない残業に流れることを防ぐのだ。

残業については法に沿って「1ヶ月45時間以内」と上限を設けるとともに、上司の許可制とし、無許可残業は一切認めないこととする。同じ成果であれば短時間でこなした者をより評価し、「残業が多い」＝「仕事の能率が悪い」という評価にするのだ。職種によっては、裁量労働制を導入することも有効であろう。残業代を支払うことで、生産性が低い労働に対して余計なお金をかけるべきではない。

・一時帰休の実施

これは実際に事業活動を縮小し、社員を会社都合で休業させることである。会社状況のアナウンス効果や、整理解雇の際の会社としての努力姿勢を示すことができる。休業させている間も、平均賃金の60％以上を休業手当として支払う必要があるが、その一部は「雇用調整助成金」として国から補助を得ることができる。

実行する際は、まず対象者を選定し、休業期間を決定。休業期間中の副業可否を定めたうえで、復職条件や給与支払い基準を決めて労使協定を締結すればよい。

特に「希望退職募集」は判例上、「労働者の意思を尊重しつつ人員整理を図るうえで極めて有用な手段」であると評価されており、この実施如何は大きな要素となる。逆に希望退職者を募集せず、いきなり指名解雇した場合は「解雇回避努力を尽くしていない」と判断される可能性が高くなり、裁判等では不利になるだろう。

さて、次に「(3)被解雇者選定の合理性」についてだが、選定基準自体は事案によってさまざまではあるものの、概ね次の要素が基準になるとされている。

- 勤務態度の優劣(欠勤日数、遅刻回数、処分歴等)
- 量的貢献度(勤続年数、休職日数等)
- 質的貢献度(過去の実績、業務に必要・有益な資格の有無等)
- 企業との結びつきの度合い(正規雇用か非正規雇用か等)
- 労働者側の事情(年齢、家族構成等)

解雇手続きの妥当性について、労働協約に協議・説明義務条項がある場合、協議・説明を欠いた解雇は無効となる。また協約がなくても、会社は労働組合または労働者に対して、人員整理を必要と判断するに至った事情の説明や整理すべき人数、解雇回避努力の内容、選定基準などについて納得を得るため説明をおこない、退職金の上積みや再就職のあっせんといった退職条件などについて誠意を持って協議すべき義務を負うとされている。

（5）解雇の手順を守ること

解雇でトラブルになりやすいのが、「何の説明もなく、いきなり解雇された」というケースだ。もちろん、会社側としては解雇に至るだけの充分な理由があるという前提なのだろうが、本人がそれに気付いていない、もしくは本人の中では問題と捉えていない、ということも考えられる。

たとえば、業務上横領や暴行など、懲戒事由に該当するようなことがあれば解雇でも問題はない。それでも、本人の中では何かしらの理由があったり、会社側が勘違いをしている可能性もあったりするため、本人の言い分を確認しておくことは最低限必要であろう。

これまでの経験上、会社と本人間で認識が食い違いやすいのは次のようなケースだ。

・遅刻や無断欠勤が多い
・営業成績、販売実績が悪い
・業務命令に従わないなど協調性がない

そもそも何をもって「多い」「悪い」「ない」と判断するかという基準の問題もあるが、これらの行為が仮に繰り返しなされたとしても、それだけを理由にいきなり解雇してはいけないのだ。なぜなら、問題行為が確認された際に都度「その行為は問題だ」と注意していなければ、それらの行為は「黙認されていた」ものと判断され、解雇も無効になってしまうためである。

「解雇の手順を守る」とは、すなわち「問題行為が確認された際は都度、再三にわたって注意しておくこと」と同義である。

まずは組織のルールを知らしめるためにも、口頭で注意や指導をするところからだ。その際は本人の言い分も聞いたうえで、「会社としてはこのような考えだ」という旨を理解させることが必要である。

この段階で言動が改まれば問題ないが、もし改まらないようであれば、次は文書で注意指導するとともに、従業員には始末書を提出させることになる。大切なのは、会社として段階を踏んだ指導を、書面をもっておこなっていたという証拠を残すところにある。文書指導記録が残っていれば、仮に裁判になったときにも会社側の姿勢を示すことができるのだ。

それでも改まらないのであれば、減給や出勤停止など、より重たい懲戒処分をおこなう。このときに注意を促すだけでなく、改善されなければ解雇もあり得る旨を書面に記載しておくとよいだろう。

ここまでの対応をしても改まらない場合に、ようやく解雇が可能になるのだ。解雇時における「聞いてない」トラブルの多くは、ここまでの段階を踏んだ対応をおこなっていないことによるものと考えてよいだろう。たしかにここまで徹底するのは時間も手間もかかるが、余計なトラブルに発展させないため、そして会社を守るためにも、ここまで見てきたような大前提が存在することをまずは心しておきたい。

しかし、リストラ等にまつわる報道を見ていると、実際に「〇万人削減！」という具合に、クビが実行できている会社が存在している。これほどまでに解雇が厳しいにもかかわらず、人員削減できるカラクリとはどのようなものなのだろうか。それこそ「退職勧奨」なのである（本文P.129に戻る）。

<就業規則に反映すべき「制裁規定」と「該当する問題行動」>

第●条（制裁の種類、程度）

制裁の種類は次のとおりとする。

① 訓　戒 ―― 口頭での注意により将来を戒める。

② 譴　責 ―― 顛末書によって自身の非違行為を反省・謝罪し、将来同様の行為を行わないことを誓約させる。

③ 減　給 ―― 顛末書の提出を求めたうえ、1回の額が平均賃金の1日分の半額、総額が一賃金支払期における賃金総額の10分の1以内で減給する。

④ 出勤停止 ―― 顛末書の提出を求めたうえ、7労働日以内の出勤停止を命じ、その期間の賃金は支払わない。

⑤ 降　格 ―― 顛末書の提出を求めたうえ、役職や等級を下げる。その際には役職に付随する手当等は原則無くなる。

⑥ 諭旨退職 ―― 退職願を提出するよう勧告する。なお、勧告した日から3労働日以内にその提出がないときは懲戒解雇とする。

⑦ 懲戒解雇 ―― 予告期間を設けることなく、即時に解雇する。この場合、所轄労働基準監督署長の認定を受けたときは解雇予告手当を支給しない。

第●条（訓戒、譴責、減給、出勤停止及び降格）

以下の各号の一に該当する場合は、譴責、減給、出勤停止、または降格にする。ただし、情状によっては訓戒にとどめることがある。

①正当な理由なく欠勤、遅刻を重ねたとき

②過失により災害または、営業上の事故を発生させ、会社に重大な損害を与えたとき

③タイムカードの不正打刻をしたもしくは依頼した場合

④虚偽の申告、届出を行ったとき

⑤重大な報告を疎かにした、又は虚偽の報告を行ったとき

⑥職務上の指揮命令に従わず職場秩序を乱したとき

⑦素行不良で、会社内の秩序又は風紀を乱したとき（ハラスメントによるものを含む）
⑧過失により会社の建物、施設、備品等を汚損、破壊、使用不能の状態等にしたとき、又はサーバ、ハードディスクその他電子媒体に保存された情報を消去又は使用不能の状態にしたとき
⑨会社内で暴行、脅迫、傷害、暴言又はこれに類する行為をしたとき
⑩会社及び会社の従業員、又は関係取引先を誹謗もしくは中傷し、又は虚偽の風説を流布もしくは喧伝し、会社業務に支障を与えたとき
⑪会社及び関係取引先の秘密及びその他の情報を漏らし、又は漏らそうとしたとき
⑫職務に対する熱意又は誠意がなく、怠慢で業務に支障が及ぶと認められるとき
⑬職務権限を越えて重要な契約を行ったとき
⑭偽装、架空、未記帳の取引を行ったとき
⑮正当な理由なく、無断欠勤が連続、断続を問わず5日以上に及ぶとき
⑯会社の定める健康診断を受診しないとき
⑰定められた届出をせず、許可のない残業や休日勤務を複数回行ったとき
⑱道路交通法上相当の違反行為があったとき
⑲施設内で賭博行為、もしくは類似する行為を行ったとき
⑳第●条の服務心得等に違反した場合であって、その事案が軽微なとき
㉑その他前各号に準ずる程度の不都合な行為を行なったとき

第●条（懲戒解雇）

以下の各号の一に該当する場合は懲戒解雇に処する。ただし情状によっては、諭旨退職、降格、減給または出勤停止にとどめることがある。

①無断もしくは正当な理由なく欠勤が連続14日以上に及んだとき
②出勤常ならず、改善の見込みのないとき
③刑罰法規の適用を受け、又は刑罰法規の適用を受けることが明らかとなり、会社の信用を害したとき
④重要な経歴をいつわり、採用されたとき

⑤故意または重大な過失により、災害または営業上の事故を発生させ、会社に重大な損害を与えたとき
⑥会社の許可を受けず、在籍のまま他の事業の経営に参加したりまたは労務に服し、もしくは事業を営むとき
⑦職務上の地位を利用し、第三者から報酬を受け、もしくはもてなしを受ける等、自己の利益を図ったとき
⑧会社の許可なく業務上金品等の贈与を受けたとき
⑨前条で定める処分を再三にわたって受け、なお改善の見込みがないとき
⑩第●条の服務心得に違反した場合であって、その事案が重大なとき
⑪暴行、脅迫、傷害、暴言その他不法行為をして著しく社員としての体面を汚したとき
⑫正当な理由なく、しばしば業務上の指示・命令に従わなかったとき
⑬私生活上の非違行為や会社に対する誹謗中傷等によって会社の名誉信用を傷つけ、業務に重大な悪影響を及ぼすような行為があったとき
⑭会社の業務上、及び関係取引先の重要な秘密を外部に漏洩して会社に損害を与え、または業務の正常な運営を阻害したとき
⑮重大な報告を疎かにした、又は虚偽報告を行った場合で、会社に損害を与えたとき、又は会社の信用を害したとき
⑯素行不良で、著しく会社内の秩序又は風紀を乱したとき（ハラスメントによるものを含む）
⑰会社に属するコンピュータによりインターネット、電子メール等を無断で私的に使用して猥褻物等を送受信し、又は他人に対する嫌がらせ、セクシュアルハラスメント等反社会的行為に及んだとき
⑱会社及び会社の従業員、又は関係取引先を誹謗もしくは中傷し、又は虚偽の風説を流布もしくは喧伝し、会社業務に重大な支障を与えたとき
⑲再三の注意及び指導にもかかわらず、職務に対する熱意又は誠意がなく、怠慢で業務に支障が及ぶと認められるとき
⑳職務権限を越えて重要な契約を行い、会社に損害を与えたとき
㉑偽装、架空の取引等を行い、会社に損害を与え又は会社の信用を害したとき

㉒会計、経理、決算、契約にかかわる不正行為又は不正と認められる行為等、金銭、会計、契約等の管理上ふさわしくない行為を行い、会社の信用を害すると認められるとき
㉓その他前各号に準ずる程度の不都合な行為のあったとき

著者・監修者プロフィール

【著者】

新田 龍（にった りょう）
働き方改革総合研究所株式会社 代表取締役／ブラック企業アナリスト

「働き方改革推進による労働環境改善支援」と､「ブラック企業 / ブラックユニオン相手のこじれたトラブル解決」の専門家。悪意ある取引先や問題社員､顧客を原因とする各種トラブル（料金不払､債務不履行､契約・信義違反、労務問題、恫喝被害、悪質クレーム、その他不法行為）に適切な対策をとって問題解決へと導くとともに、再発防止のための危機管理体制構築をサポート。大切な会社と従業員を守り、レピュテーションを改善する支援をおこなう。また各種メディアで労働問題・ブラック企業問題を語り、優良企業を顕彰。厚生労働省ハラスメント対策企画委員も務める。

著書に『ワタミの失敗～善意の会社がブラック企業と呼ばれた構造』(KADOKAWA)､『明日会社に行きたくないときに読む本』（主婦の友社)､『ブラックユニオン』（青林堂）など多数。

【監修者】

安田 隆彦（やすだ たかひこ）
アクト法律事務所 パートナー弁護士

1954年生まれ、愛知県名古屋市出身。1978年、中央大学法学部法律学科を卒業。1981年には司法試験に合格し、翌年第36期司法修習生となる。1984年、東京弁護士会に弁護士登録。2010年には日本弁護士連合会理事を務めた。現在は、アクト法律事務所にてパートナー弁護士を務めている。

野崎 大輔（のざき だいすけ）
日本労働教育総合研究所　所長

社長と二人三脚で泥臭く戦い、会社を守る使用者側の労働問題専門の特定社会保険労務士。

東証一部上場企業の人事部で労働問題対応の経験を経て2008年に独立。他士業からの案件紹介が多く、問題社員対応、ユニオンとの団体交渉などに数多く取り組み、解決に導いた実績を持つエキスパート。法律論ではないわかりやすい説明と、机上の空論ではない現実的な対応によって、顧問先の企業はトラブルがほぼ起きず、平和な職場づくりの支援をしている。人事専門誌が評価する『人材コンサルティング会社ガイド100選』に掲載され、テレビ、ラジオなどのメディア出演多数。

著書に『ハラ・ハラ社員が会社を潰す』（講談社＋α新書）、『黒い社労士と白い心理士が教える　問題社員50の対処術』（小学館集英社プロダクション）。

問題社員の正しい辞めさせ方

2021年4月1日　第1刷発行
2022年5月25日　第4刷発行

著者　新田 龍
監修者　安田 隆彦 ／ 野崎 大輔
発行者　谷口 一真
発行所　リチェンジ
〒115-0044 東京都北区赤羽南 2-6-6 スカイブリッジビル B1F
https://petite-lettre.com/

編集　玉村 優香 ／ 谷口 恵子
DTP　小河 碧峰
装丁・本文デザイン　藤原 夕貴
印刷・製本　中央精版印刷株式会社
発売元　星雲社（共同出版社・流通責任出版社）
〒112-0005 東京都文京区水道 1-3-30
TEL：03-3868-3275

ISBN978-4-434-28727-5　C0032